Y. 4807
A.

Ye

PREMIER RECVEIL
DE DIVERSES POESIES,

tant du feu sieur de Sponde, que des
sieurs du Perron, de Bertaud,
de Porcheres, & autres
non encor im-
primees.

Recueillies par Raphaël Petit Val.

A ROVEN,

DE L'IMPRIMERIE
Dudit Dv Petit Val, Libraire
& Imprimeur ordinaire
du Roy.

1604.
Avec Privilege de sa Majesté.

AU LECTEUR.

YANT tiré des mains de mes amis (Amy Lecteur) diuerses Poesies, qui m'ōt semblé meriter de voir le iour, voila que ie t'en faits vn corps : Si tu y trouues, ce que i'espere, dequoy contenter ton esprit, i'auray attaint le poinct de mon desir, sinon aumoins te fais-ie paroistre combien ie porte d'honneur à ceux qui ayāt trauaillé meritēt quelque recōpense de gloire: & si cela ne te contente, contē-te toy du peu de perte que tu faits tant de ton argent, que de ton loisir, que si tu passes en tant de mauuaise volonté contre moy, encor te doit-il suffire que moy seul porteray le dommage de l'importunité que ie t'ay donnee. Adieu,

Raphaël du Petit Val.

A ij

Extraict du Priuilege.

PAr lettres patentes du Roy données à Rouen le quatriéme de Feurier, mil cinq cens nonante sept : Signées par le Roy estant en son Conseil, Mauguien. Et scellées du grand seau en cire iaune sur simple queuë. Il est permis à Raphaël du Petit Val, nostre Libraire & Imprimeur de nostredite ville de Rouen, d'imprimer vn *Recueil de diuerses Poësies, tant du sieur de Sponde, que d'autres non encor imprimees*. Et faisons deffences à tous autres Libraires & Imprimeurs de ce Royaume, d'imprimer lesdites œuures Poëtiques, n'y exposer en vente, tant en public qu'en particulier, contre la teneur des presentes, pendant le temps & terme de dix ans, sur peine de cinquante escus d'amende, despens, dommages & interests, comme plus à plain est porté esdites patentes : Et outre voulons & nous plaist qu'en mettant vn extraict dudit priuilege, au commencement ou à la fin desdites œuures, il soit tenu pour deuëment notifié à tous Libraires, Imprimeurs, & autres. Car tel est nostre plaisir. Fait l'an & iour dessusdit.

POESIES
DV SIEVR
de Sponde.

SONNET.

I.

I c'est dessus les eaux que la terre
est pressee
Comment se soustient-elle encor
si fermement?
Et si c'est sur les vents qu'elle a
son fondement,
Qui la peut conserver sans estre renuersee?
Ces iustes contrepoids qui nous l'ont balancee
Ne panchent-ils iamais d'vn diuers branslement?
Et qui nous fait solide ainsi cet Element,
Qui trouue autour de luy l'inconstance amassee?
Il est ainsi, ce corps se va tout sousleuant
Sans iamais s'esbranler parmi l'onde & le vent,
Miracle nompareil, si mon amour extreme
Voyant ces maux coulans, soufflans de tous costez,
Ne treuuoit tous les iours par exemple de mesme
Sa constance au milieu de ces legeretez.

A iij

DIVERSES
II.

Quand ie voy les efforts de ce grand Alexandre,
 D'vn Cesar dont le sein comblé de paßions
 Embraze tout de feu de ces ambitions,
 Et n'en laiße apres soy memoire qu'en la cendre.
Quand ie voy que leur gloire est seulemēt de rendre,
 Apres l'orage enflé de tant d'afflictions,
 Calmes deßous leurs loix toutes les nations
 Qui voyent le ciel & monter & descendre:
Encor que i'ay dequoy m'en orgueillir comme eux,
 Que mes lauriers ne soyent de leurs lauriers honteux,
 Ie les condamne tous & ne les puis deffendre:
Ma belle c'est vers toy que tournent mes esprits,
 Ces tirans-la faisoyent leur triomphe de prendre,
 Et ie triompheray de ce que tu m'as pris.

III.

Qui seroit dans les Cieux, & baisseroit sa veuë
 Sur le large pourpris de ce sec element,
 Il ne croiroit de tout, rien qu'vn poinct seulement
 Vn poinct encor caché du voile d'vne nuë:
Mais s'il contemple apres ceste courtine bluë,
 Ce cercle de cristal, ce doré firmament,
 Il iuge que son tour est grand infiniment,
 Et que ceste grandeur nous est toute incognuë.
Ainsi de ce grand ciel, où l'amour m'a guidé,
 De ce grand ciel d'Amour où mon œil est bandé
 Si ie relasche vn peu la pointe aigue au reste,
Au reste des amours, ie voy sous vne nuict
 Du monde d'Epicure en atomes reduit,
 Leur amour tout de terre, & le mien tout celeste.

IIII.

En vain mille beautez à mes yeux se presentent,
 Mes yeux leur sont ouuers & mon courage clos,
 Vne seule beauté s'enflamme dans mes os
 Et mes os de ce feu seulement se contentent:
Les vigueurs de ma vie & du teps qui m'absentent
 Du bien-heureux seiour où loge mon repos,
 Alterent moins mon ame, encor que mon propos
 Et mes discrets desirs iamais ne se repentent.
Chatouilleuses beautez, vous domptez doucement
 Tous ces esprits flotans, qui souillent aisement
 Des absentes amours la chaste souuenance:
Mais pour tous vos efforts ie demeure indompté:
 Ainsi ie veux seruir d'vn patron de constance,
 Comme ma belle fleur d'vn patron de beauté.

V.

Ie meurs, & les soucis qui sortent du martyre
 Que me donne l'absence, et les iours, & les nuicts
 Font tant, qu'à tous momens ie ne sçay que ie suis
 Si i'empire du tout ou bien si ie respire.
Vn chagrin suruenant mille chagrins m'attire
 Et me cuidant aider moy-mesme ie me nuis,
 L'infini mouuement de mes roulans ennuis
 M'emporte & ie le sens, mais ie ne le puis dire.
Ie suis cet Acteon de ces chiens deschiré!
 Et l'eslat de mon ame est si bien alteré
 Qu'elle qui me deuroit faire viure me tuë:
Deux Deesses nous ont tramé tout nostre sort
 Mais pour diuers suiet nous trouuons mesme mort
 Moy de ne la voir point, & luy de l'auoir veuë.

A iiij

VI.

Mon Dieu, que ie voudrois que ma main fust oisiue,
Que ma bouche et mes yeux reprisset leur deuoir
Escrire est peu : c'est plus de parler & de voir
De ces deux œuures l'vne est morte & l'autre viue.
Quelque beau trait d'amour que nostre main escriue,
Ce sont tesmoins muets qui n'ont pas le pouuoir
Ni le semblable poix, que l'œil pourroit auoir
Et de nos viues voix la vertu plus naïue.
Mais quoy: n'estoyent encor ces foibles estançons
Et ces fruits mi rongez, dont nous le nourrissons
L'Amour mourroit de faim et cherroit en ruines
Escriuons attendant de plus fermes plaisirs,
Et si le temps domine encor sur nos desirs,
Faisons que sur le temps la constance domine.

VII.

Si i'auois comme vous mignardes colombelles
Des plum.tres si beaux sur mon corps attachez,
On auroit beau tenir mes esprits empeschez
De l'indomtable fer de cent chaines nouuelles:
Sur les aisles du vent ie guiderois mes aisles
I'irois iusqu'au seiour où mes biens sont cachez
Ainsi voyant de moy ces ennuis arrachez
Ie ne sentirois plus ces absences cruelles,
Colombelles helas! que i'ay bien souhaité
Que mon corps vous semblast autant d'agilité
Que mon ame d'amour à vostre ame ressemble:
Mais quoy, ie le souhaite, & me trompe d'autant,
Ferois-ie bien voller vn amour si constant
D'vn monde tout rempli de vos aisles ensemble?

VIII.

Le tresor que i'ay pris auecques tant de peine
  Ie le veux auec peine encore conseruer,
  Tardif a reposer, prompt a me releuer,
Et tant veiller qu'en fin on ne me le surprenne.
Encor que de mes yeux la garde plus certaine
  Aupres de son seiour ne te puisse trouuer,
  Et qu'il me peut encor en l'absence arriuer
Qu'vn autre plus prochain me l'empoigne & l'emmaine.
Ie ne veux pas pourtant me trauailler ainsi,
  La seule foy m'asseure & m'oste le soucy:
  Et ne changera point pourueu que ie ne change.
Il faut tenir bon œil & bon pied sur ce point,
  A gaigner vn beau bien on gaigne vne loüange,
  Mais on en gaigne mille à ne le perdre point.

IX.

Si tant de maux passez, ne m'ont acquis ce bien,
  Que vous croyez au moins que ie vous suis fidelle,
  Ou si vous le croyez, qu'à la moindre querelle
Vous me faciez semblant de n'en plus croire rien.
Belle, pour qui ie meurs, belle, pensez vous bien
  Que ie ne sente point ceste iniure cruelle?
  Plus sanglante beaucoup, que la peine eternelle
Où malgré tout le monde encor ie me retien.
Il est vray toutesfois, vos beautez infinies,
  Quand ie viurois encor cent mille & mille vies,
  Ne se pourroyent iamais seruir si dignement
Que ie ne fusse en reste à leur valeur parfaicte:
  Mais croyez-le ou non, la preuue est toute faicte
  Qu'au pris de moy, l'amour aime imparfaitemẽt.

X.

Ie ne bouge non plus qu'vn escueil dedans l'onde
Qui fait fort à l'orage, & le fait reculer,
Il me trouue affermi, qui cherche a m'esbranler,
Deusse-ie voir bransler contre moy tout le monde.
Chacun qui voit combien tous les iours ie me fonde
Sur ce constant dessein, se mesle d'en parler,
Trouble la terre & l'air afin de me troubler
Et ne pouuät rien plus, pour le moins il en gröde.
Mais, ie n'escoute point, que pour le mespriser,
Ce propos enchanteur qui tend a m'abuser
Et me rauir le bien que leur rage m'enuie.
Laissons, laissons le dire vn seul mot me suffit
Qu'en la guerre d'amour vne âme bien nourrie
Emporte tout l'honneur emportant le profit.

XI.

Tous mes propos iadis ne vous faisoyent instance
Que de l'ardant amour dont i'estois embrazé:
Mais depuis que vostre œil sur moy s'est appaisé
Ie ne vous puis parler rien que de ma constance.
L'amour mesme de qui i'espreuue l'assistance
Qui sçait combien l'esprit de l'homme est fort aisé
D'aller aux changemens, se tient comme abusé
Voyant qu'en vous aimant t'aime sans repentäce.
Il s'en remonstre assez qui bruslent viuement,
Mais la fin de leur feu qui se va consommant
N'est qu'vn brin de fumee & qu'vn morceau
  de cendre.
Ie laisse ces amans croupir en leurs humeurs
Et me tiens pour content, s'il vous plaist de com-
  prendre
Que mon feu ne sçauroit mourir si ie ne meurs.

XII.

Mon cœur ne te rends point à ces ennuis d'absence,
  Et quelques forts qu'ils soyẽt sois encore plus fort
  Quand mesme tu serois sur le poinct de la mort
Mõ cœur ne te rẽds point, & reprens ta puissance.
Que si tant de combats te donnent cognoissance
  Que tu n'es pas tousiours pour rompre leur effort
  Garde toy de tomber en vn tel desconfort
Que ton amour iamais y perde son essence.
Puis que tous tes souspirs sont ainsi retardez,
  Laisse laisse courir ces torrens desbordez,
  Et monte sur les rocs de ce mont de constance:
Ainsi dessus les monts ce sage chef Romain
  Differa ses combats du iour au lendemain,
  Se mocqua d'Hannibal, rompant sa violence.

XIII

Tu disois, Archimede, ainsi qu'on nous fait croire
  Qu'on te donnast vn poinct pour bien te soustenir
  Tu branslerois le monde, & le ferois venir,
Cõme vn faix plus leger de lieu en lieu s'emporte.
Puis que ton arc si beau, ta main estoit si forte
  Si tu pouuois encor au monde reuenir
  Dans l'amour que mon cœur s'esforce à retenir
Tu trouuerois ton poinct peut estre en quelque
Pourroit-on voir iamais plus de solidité   (sorte.
  Qu'en ce qui bransle moins plus il est agité
  Et prend son asseurance en l'inconstance mesme:
Il est seur, Archimede, & ie n'en doute point
  Pour bransler tout le monde & s'asseurer d'vn
    poinct,
Il te falloit aimer aussi ferme que i'aime.

XIIII.

Quand le vaillãt Hector, le grand rãpart de Troye,
Sortit tout enflammé, sur les nefs des Gregeois,
Et qu'Achille charmoit d'vn plaintiue voix
Son oisiue douleur, sa vengeance de ioye.
Comme quand le Soleil dedans l'onde flamboye
L'onde des rais tremblans repousse dans les toits:
La Grece tout ainsi flottante ceste fois
Eust peur d'estre à la fin la proye de sa proye.
Vn seul bouclier d'Aiax se trouuant le plus fort
Soustint ceste fureur & dompta cet effort,
I'eusse perdu de mesme en ceste horrible absence
Mon amour, assailli d'vne armee d'ennuis, (nuicts
Dans le trauail des iours, dans la langueur des
Si ie ne l'eusse armé d'vn bouclier de constance.

XV.

Ceste braue Carthage, vn des honneurs du monde
Et la longue terreur de l'empire Romain,
Qui donna tant de peine à son cœur, à sa main,
Pour se faire premiere, & Rome la seconde
Apres auoir dompté presque la terre & l'onde,
Et porté dans le ciel tout l'orgueil de son sein,
Esprouua mais trop tard, qu'vn superbe dessein
Fondé dessus le vent il faut en fin qu'il fonde
Ceste insolente là la pompe qu'elle aima
Le brasier deuorant du feu la consuma:
Que ie me ris au lieu, Carthage, de te plaindre.
Ton feu dura vingt iours, & bruslas pour si peu,
Helas que dirois-tu si tu voyois qu'vn feu
Me brusle si long-temps sans qu'il se puisse
esteindre?

XVI.

Le prés exéple en toy, courageuse Numance, (veux
 L'vn des grands fleaux de Rome, & côme toy ie
 Pratiquant la valeur, apprendre à nos neueux
 Qu'il faut vaincre en l'assaut, mourir en la déf-
fence.
Durant tes quatorze ans, l'insolente arrogance
 De tes longs ennemis du bon heur desbourueus,
 Contre tant de vertu s'arrachoit les cheueux
 Et s'arrachoit plus fort encore l'esperance:
En fin on n'eust moyen propre a te surmonter
 Que te laisser toy-mesme à toy-mesme dompter,
 Et toy tu ne laissas que tes murs & ta cendre:
Ainsi tous ces ennuis dont ie vaincs les efforts
 S'ils se trouuent en fin plus rusez que plus forts,
 I'aime mieux côme toy mourir que de me rendre.

XVII.

Ie sens dedans mon ame vne guerre ciuile
 D'vn parti ma raison, mes sens d'autre parti,
 Dont le bruslant discord ne peut estre amorti
 Tât chacun son tranchât l'vn côtre l'autre affile.
Mais mes sens sont armez d'vn verre si fragile
 Que si leur cœur bien tost ne s'en est departi
 Tout l'heur vers ma raison se verra conuerti,
 Comme au party plus fort plus iuste & plus vtile.
Mes sens veulent ployer sous ce pesant fardeau
 Des ardeurs que me donne vn esloigné flambeau,
 Au rebours la raison me renforce au martyre.
Faisons comme dans Rome, à ce peuple mutin
 De mes sens inconstans arrachons-les en fin.
 Et que nostre raison y plante son Empire.

XVIII.

Ne vous estonnez point si mon esprit qui passe
De trauail en trauail par tant de mouuemens.
Depuis qu'il est banni dans ces esloignemens,
Tout agile qu'il est ne change point de place.
Ce que vous en voyez, quelque chose qu'il face,
Il s'est planté si bien sur si bons fondemens,
Qu'il ne voudroit iamais souffrir de changemens
Si ce n'est que le feu se peust changer de place.
Ces deux contraires sont en moy seul arrestez
Les foibles mouuemens, les dures fermetez:
Mais voulez vous auoir plus claire cognoissance.
Que mon espoir se meurt & ne se change point?
Il tournoye à l'entour du poinct de la constance
Comme le ciel tournoye à l'entour de son poinct.

XIX.

Je contemplois vn iour le dormant de ce fleuue
Qui traine lentement les ondes dans la mer,
Sans que les Aquilons le façent escumer
Ni bondir, rauageur, sur les bords qu'il abreuue
Et contemplant le cours de ces maux que i'espreuue
Ce fleuue dis-ie alors ne sçait que c'est d'aimer,
Si quelque flamme eust peu ses glaces allumer
Il trouueroit l'amour ainsi que ie le treuue.
S'il le sentoit si bien, il auroit plus de flots,
L'Amour est de la peine & non point du repos,
Mais cesse peine en fin est du repos suyuie
Si son esprit constant la deffend du trespas,
Mais qui meurt en la peine il ne merite pas
Que le repos iamais luy redonne la vie.

XX.

Les Toscans batailloyent donnãt droit dedans Rome
  Les armes à la main, la fureur sur le front,
  Quand on veit vn Horace auancé sur le pont,
  Et d'vn coup arrester tant d'hõmes par vn hõme.
Apres vn long combat & braue qu'on renomme
  Vaincu non de valeur, mais d'vn grãd nombre il rõpt
  De sa main le passage & s'eslãce d'vn bõd
  Dans le Tybre, se sauue, & sauue tout en somme.
Mõ amour n'est pas moindre, et quoy qu'il soit surpris
  De la foule d'ennuis qui troublent mes esprits,
  Il fait ferme & se bat auec tant de constance
Que pres des coups il est esloigné du danger,
  Et s'il se doit en fin dans ses larmes plonger,
  Le dernier desespoir sera son esperance.

XXI.

Non, ie ne cache point vne flamme si belle,
  Ie veux ie veux auoir tout le monde à tesmoin,
  Et ceux qui sont plus prez, & ceux qui sont plus loin
  Dites, est-il au monde vn amãt plus fidelle?
Ces secretes humeurs qu'hipocrites i'appelle,
  Blasment secretement à l'oreille en vn coin
  La peine que ie prens d'en prendre tant de soin,
  Tandis que chacun d'eux ces propres sens recelle,
Ainsi nous differons, que leurs cœurs sont couuerts,
  Et que le mien fait voir ses mouuemens ouuerts:
  Ils ont raison, leurs sens sont bien dignes de hõte:
Mais ie ne puis rougir d'aimer si dignement,
  Et plus mõ bel amour tous leurs amours surmõte:
  Il me le faut encor aymer plus constamment.

XXII.

On dit que dans le ciel, les diuerses images
   Des astres l'vn à l'autre ensemble rapportez,
Engendrent ici bas tant de diuersitez
Et tantost de profits & tantost de dommages:
Tous leurs estats leur font à leur tour leur hommages,
   L'vn baisse l'autre hausse: & tant de dignitez
   Ont en maintes façons certains points limitez
Qui leur font & laisser & perdre leur visages,
Mon amour seur se treuue exempt de ses rigueurs
Si ce n'est pour acroistre encores ses vigueurs,
Mais non pas pour iamais d'vn seul moment des-
Non pas s'il me falloit descendre dãs la mort:(cẽdre,
En somme il est, s'il faut par le ciel le comprendre,
Ferme ne plus ne moins que l'estoile du Nort.

XXIII.

Il est vray, mon amour estoit suiet au change,
   Auant que i'eusse appris d'aimer solidement,
   Mais si ie n'eusse veu cest astre consumant
Ie n'auray point encor acquis ceste louange.
Ore ie voy combien c'est vne humeur estrange
   De viure, mais mourir, parmy le changement,
   Et que l'amour luy mesme en gronde tellement
Qu'il est certain qu'en fin quoy qu'il tarde il s'en vange.
Si tu prens vn chemin apres tant de destours,
   Vn bord apres l'orage, & puis reprens ton cours
   Et l'orage aux destours il suruient le naufrage
En erreur, on dira que tu l'as merité,
   Si l'amour n'est point feint il aura le courage
   De ne changer non plus que fait la verité.

XXIIII.

Mon Soleil qui brillez de vos yeux dans mes yeux,
  Et pour trop de clarté leur ostez la lumiere,
  Ie ne voy rien que vous, & mon ame est si fiere
  Qu'elle ne daigne plus aimer que dans les cieux.
Tout autre amour me semble vn enfer furieux,
  Plein d'horreur et de mort dôt m'enfuyât arriere
  I'en laisse franchement plus franche la carriere
  A ceux qui sont plus mal et pensét faire mieux.
Le plaisir, volontiers, est de l'amour l'amorce,
  Mais outre encor ie sens quelque plus viue force
  Qui me feroit aimer malgré moy ce Soleil:
Ceste force est en vous dont la beauté puissante
  La beauté sans pareil, encor qu'elle s'absente,
  A tué cest amant, cest amant sans pareil.

XXV.

Contemplez hardiment tous ceux qui sont coustumé
  De se sacrifier à l'autel des beautez,
  Vous verrez que le vent de leurs legeretez
  Leur esteint le brasier aussi tost qu'il l'allume.
Mais moy, qui si long temps à vos yeux me consume
  Ie ne consume point pourtant mes fermetez,
  Et d'autant plus auant au feu vous me mettez,
  Plus l'or de mon amour a durer s'accoustume.
Pour vous, belle, le tout de ce tout ne m'est rien,
  Ces biens sont pouretez au regard de ce bien.
  Et vous seruir têt plus que mille & mille empires
S'en trouue qui voudra viuement offencé,   (tyres,
  Pour moy i'aimerois mieux mourir en vos mar-
  Que viure au plus grâd heur qui puisse estre pensé

DIVERSES
XXVI.

Les vents grondoyent en l'air, les plus sobres nuages
  Nous desroboyent le iour pesle mesle entassez,
  Les abismes d'enfer estoyent au ciel poussez
  La mer s'enfloit des monts, & le monde d'orages:
Quand ie vy qu'vn oyseau delaissant nos riuages
  S'enuole au beau milieu de ses flots courroucez,
  Y pose de son nid les festus ramassez
  Et rappaise soudain ses escumeuses rages.
L'amour m'en fit autant, & comme vn Alcion
  L'autre iour se logea dedans ma passion
  Et combla de bon-heur mon ame infortunee.
Apres le trouble, en fin, il me donna la paix
  Mais le calme de mer n'est qu'vne fois l'annee
  Et celuy de mon ame y sera pour iamais.

STANCES.

TEl estoit ce bel astre à son entree au monde
  Et deslors qu'il sortoit de son tendre berçeau,
Clair a point qu'on le veit autant que le flambeau
Qui luit le iour dessus, & la nuict dessous l'onde.
  Ce feu sur le poignant de sa premiere Aurore
Nous embasmoit les champs du nectar de ses pleurs,
Et les champs repoussoiēt vn doux printēps de fleurs,
Encor les pleurs couloyent, les fleurs croissoyent
    encore.
  Les lis croissoyent sur tout, le lis que ce feu mesme
Regardoit d'vn rayon si benin de ses yeux
Qu'on soupçonna deslors qu'il aimeroit bien mieux:
On voit de meilleur œil tousiours ce que l'on aime.
  La mere des amours, à demi flestrissante
Veit reuerdir son Myrrhe en touseaux ombrageux,

Les palmes qu'elle donne aux Ames courageux
Enlasserent plus fort leur force renaissante.

　Mais depuis que du temps la course coustumiere
Anima, de ce feu, les grillantes ardeurs.
Les corps ne sentoyent plus, du Soleil, que froideurs,
Et les ames brusloyent dessous ceste lumiere.

　Le pauure Amour couuert d'vn funebre nuage
Des rayons pallissans d'vne fausse beauté,
Tout aussi tost qu'il veit brusler ceste clarté
Esclata tout en lustre, & changea de visage.

　Il se lieue, rauy de ces flammes nouuelles:
Voici, voici, dit-il, du secours à l'Amour,
Et pour luy faire honneur il volette alentour:
Mais il en fist la preuue & se brusla les aisles.

　O presage asseuré, s'escria-il à l'heure,
Que ce flambeau si beau n'esclaire point en vain,
Et qu'il faut, en laissant vn trauail incertain,
Que ce repos certain me serue de demeure.

　Ie vay de toutes pars ma torche consumee
Ietter la cendre en terre & l'etincelle aux cieux:
Ce feu, ce feu, tout seul, peut rallumer mes feux:
Car tous les autres feux n'ont que de la fumee.

　Deslors Amour perdit franchement sa franchise
Et de tous ces beaux champs en fist vn beau desert,
Il maistrisoit n'aguere, & maintenant il sert,
Mais ce seruice là valloit bien sa maistrise.

　Il met son arc, ses traits, és mains de la Deesse,
Pour vn gage certain qu'elle l'auoit soustrait,
Mais gardez vous, dit-il, gardez qu'vn iour le trait
Duquel vous blesserez, luy mesme ne vous blesse.

　Elle les prend soudain d'aise toute rauie,
Se glisse dedans l'air où sont les demi-dieux,
Eslance tout d'vn coup cent flesches de ses yeux
En frappe tout vn monde, & leurs oste la vie.

Les Nimphes d'alétour comme elles l'apperceurẽt
Se cacherent de honte aux ombrages des bois:
Mais elle, qui ne veit rien digne de ses loix,
S'en vint & leur osta la honte qu'elles eurent.

Cependant les beautez luy croissoyent dauantage,
Et tous les poincts du iour forçoyent leurs actions
Pour acheuer le poinct de ses perfections,
Mais elle croissoit plus encore de courage.

Ainsi d'vn haut dessein viuement animee
Prend la fleche, qu'Amour luy mesme auoit preneu,
Tire à force, fend l'air & va dedans le feu
Où sa fleche luy fust tout d'vn coup allumee,

A ce rencontre heureux la belle se sent prise
Accolle sa beauté contre ceste grandeur,
Et trouuant vne ardeur pareille à sa grandeur,
Se baigne au beau succez d'vne belle entreprise.

Amäs ces doubles feux que vous meslez ensemble
Ne sont que le pourtrait de ces deux feux iumeaux
Qui calment les courroux des bouillonnantes eaux,
Et rasseurent la nef des vents dont elle tremble.

Puissiez vous, tout ainsi que ces germaines flâmes,
Suruiure l'vn à l'autre & iamais ne mourir,
Sans pouuoir tour à tour vous entresecourir
D'ames pour vos amours, & d'amour pour vos ames.

CHANSON.

Comment pensez vous que ie viue
Esloigné de vostre beauté?
Tout ainsi qu'vne ame captiue
Au gouffre d'vne obscurité,
Qui n'attend tremblante à tout' heure
Que le iour qu'il faut qu'elle meure.

Ie ne voi par tout que des ombres,

POESIES.

Ie trouue mesme noirs les cieux,
Les iours luisans sont des nuicts sombres,
Les nuicts des Enfers à mes yeux,
Les Enfers mesmes si funebres
Sont beaux, au pris de mes tenebres.

   Ce monde plain d'inquietudes
Qui flotte tout autour de moy,
Ce ne sont que des solitudes
Toutes plaines de mon esmoy,
Mais vuides de la douce vie
Que son absence m'a rauie.

   Ie fonds comme fondroit la cire
Aupres d'vn brasier enflammé,
Et plus de vous ie me retire
Ie sens plus mon feu ranimé,
Mais ce feu tant plus il s'augmente
Helas! tant plus il me tourmente.

   Ie meurs il est certain, ma belle.
Et ce peu d'ame que ie tiens
Ce n'est que ceste humeur fidelle
De laquelle ie l'entretiens:
Le reste d'elle qui s'enuole
Ne me laisse que ma parole.

   La parole helas! pour me plaindre
Que mes maux sont bien commencez,
Mais ie dois bien encore craindre,
Qu'ils ne soyent pas si tost passez,
Et que mes fresles destinees
N'ont point leurs bornes terminees.

   Mon Dieu! que ceste heure incertaine
A pour moy de malheurs certains,
Et que ma belle si lointaine
M'en garde les secours lointains!
Peut on iamais sentir ne dire

Pareil martyre à mon martyre?
 Ainsi mon ame repoussee
Paisible à l'abry de son port
Sera desormais balancee
Dans les tempestes de la mort,
Mais sa nef sera la constance,
Et son estoile l'esperance.
 Durant ceste triste fortune
La voix de mes gemissemens
A vos oreilles importune,
Y prendra les soulagemens,
Et iusques à ce que ie vienne
Belle au moins qu'il vous en souuienne
 Lors me rendant en mille sortes
Tant de plaisirs que i'ay perdus
Tant & tant d'esperances mortes
Tant de biens en vain attendus
Trempes au miel de la presence
Les amertumes de l'absence.

CHANSON.

Doux obiet de mes desirs,
Charme de mon ame seduite,
Où vous en allez vous si vite?
Me laissant dans ces desplaisirs
Où vous m'auez ainsi reduite.
 Sera-ce donc à ceste fois
Que la cruelle tragedie
Donra ceste entorce à ma vie,
Et que ma languissante voix
Mourra dans l'air esuanouye?
 Ceste offence est hors de pardon,
Car au lieu de prendre les armes

Pour me sauuer de ses vacarmes,
Vous me laissez à l'abandon
L'ame aux douleurs
Les yeux aux larmes.

Ie le sçay, vous craignez de voir
Ceste orpheline desolee
D'vne nuict de chagrins voilee
Heurter au roc du desespoir,
A faute d'estre consolee.

Quand vous serez donques absent
L'as d'où voulez vous que ie tire
Moyen d'affoiblir mon martire?
Qui se va sur moy renfonçant
Alors que vostre œil se retire.

I'ay beau de vous me souuenir,
Il faut que ie le confesse,
La foule des maux qui m'oppresse
Ne se peut guere soustenir
Par vne idee de liesse.

Ie n'ay point l'esprit contrefait,
Et n'est possible que i'assemble
Ces deux contraires tout ensemble,
Que ie sois pour vous tout à fait,
Et que pour l'autre ie le semble.

Mais puis que suyuant vostre arrest
Il faut prouuer que ie vous aime,
Ie voudrois en ce mal extreme,
Qu'au moins quand mon mal sera prest
Mon remede fust prest de mesme.

I'endurerois mille fois mieux
Tout ce mal qu'il faut que i'endure
Mais ie suis mise à l'aduanture,
Et le beau secours de vos yeux
S'enfuit du mal qui me demeure.

Mais quoy? ie me trauaille en vain,
I'augmente par ma doleance
De mes malheurs ma violence,
Et mon remede plus certain
Ne despend plus que du silence.

Adieu beaux yeux, yeux tant aimez
Allez, où vostre ame est poussee,
Chers nourrissons de ma pensee
Ie ne vous laisseray iamais
Encor que vous m'ayez laissee.

CHANSON.

Vn bien qu'on desire tant
Il ennuye à qui l'attend.

C'Est trop, ie perds patience
De me voir tant abusé,
Et la longue experience
Me rendra plus aduisé:
  Vn bien qu'on, &c.
Quoy donc? ce peu de iournee
Prises si mal volontiers
Feront elles des annees
Mais des siecles tous entiers?
  Vn bien qu'on, &c.
Ie m'estonne bien encore
En la langueur où ie suis
Que le temps qui tout deuore
Ne deuore mes ennuis:
  Vn bien qu'on, &c.
Mais c'est que ma belle flame
N'a point d'autre qualité,
Que la qualité de l'ame

Qui court vers l'éternité:
Vn bien, &c.
J'ay beau flater de parole
Ce mal sourd comme la mort,
La medecine est trop mole
Et le mal beaucoup plus fort,
Vn bien, &c.
Ceste absence si cruelle
Me met en estrange point,
Ie vis d'auoir veu ma belle
Ie meurs de ne la voir point.
Vn bien, &c.
S'il est vray ce qu'on raconte
Soleil, de tes premiers feux
Pour Daphné, ie fais mon conte
Que nous sçauons bien tous deux.
Vn bien, &c.
Haste donc pour moy la suite
De tes iournaliers plaisirs,
Mais prens pour voller plus viste
Les aisles de mes desirs:
Vn bien, &c.
Que si ta course retarde
La fin de mon triste esmoy,
Voy ma Belle, & pren bien garde
Qu'elle sente comme moy
Vn bien qu'on desire tant,
Il ennuye à qui l'attend.

ELEGIE.

Vous languissez mes vers, les glaçons de l'absence
Esteignent vos fureurs au poinct de leur naissance

Vous n'entrebatez plus de souspirs vostre flanc,
Vos arteres d'esprits, ny vos veines de sang:
Et quoy, la mort vous tient? & ce front tient en cen- (dre
Vous marque les tombeaux où vous allez descendre?
Si vous pouuiez encor reuoir dedans les cieux
Ce feu, qui s'est caché des pointes de vos yeux
Vous viuriez dites vous, mais la clarté rauie
Rauit en mesme temps l'esclair de vostre vie.
Vous ne sçauriez passer vos iours parmi les nuits,
Ny faire beau visage en ces affreux ennuis,
Ce contraire est trop grand viure aupres de ma Belle
Et n'approcher la mort quand on s'esloigne d'elle.
Il faut donques mourir & par necessité
Qu'à la fin vostre Hyuer succede à vostre Esté.

Papillons bien aimez, nourrissons de mon ame,
Puis que vostre origine est prise de ma flame
Et que ma flame garde encore son ardeur
D'où vous vient d'où vous vien ceste prompte froi- (deur?
Ce beau feu, dont i'auois vostre vie allumee
Me l'auez vous changé si soudain en fumee?
Vous me laissez ingrats, & la desloyauté
Recompense l'amour que ie vous ay porté.
Est-ce que vous craignez que vostre tendre veuë
Se rebouche si bien contre la pointe aiguë
Des rayons du Soleil, qu'à l'espreuue du iour
On ne vous iuge point des vrais enfans d'Amour?
Et que ces beaux esprits dont on fait tant de compte
S'il vous ont descouuers ne vous couurent de honte?
Craindriez vous point qu'encor vostre deformité
Ne despleust d'auenture aux yeux de la beauté
Pour qui vous trauaillez, & par trop de coustume
Qu'on sente vos douceurs changer en amertume?
Helas! ne mourez point & seruez pour le moins
A ma fidelité de sidelles tesmoins,

Que si des Basilics l'œil malin vous offence
Marchant parmi ces fleurs, i'en prendray la deffence
Et du miroir luisant de mon authorité
I'esteindray tout soudain ceste malignité:
Lors qu'on vous poursuyvra ie seray vostre Asile
Et quand les vents batirovent vostre nef si fragile
Vous ne sçauriez vous perdre au Phare de mon feu.
   Quant à ces yeux à qui vous avez desia pleu
Ils vous don'ront tousiours leur veuë toute entiere
Si ce n'est pour la forme, au moins pour la matiere.
Que si vostre langueur ne se peut secourir,
Si vous avez du tout resolu de mourir,
Mourez, mourez au moins d'vne mort qui soit digne
De vostre belle vie, & faites que le Cygne
Qui charme de ses chants les bords Meandriens
Sur le bord de sa mort, se charme par les miens
Ce dernier feu laissant vostre mourante bouche,
Soit semblable au soleil qui luit quand il se couche
Beaucoup plus doucement que quand au fort de iour
Les brandons qu'il vomit grillent nostre seiour.
Mourez mes vers, mourez puis que c'est vostre envie
Ce qui vous sert de mort, me seruira de vie.
   L'orage de mes maux, qui me va repoussant
Du bien tant desiré dont ie me trouve absent,
Tāt s'en faut que son coup m'esbrāle ou me renuerse,
Que ie le romps luy mesme, & d'vne humeur diuerse
A ces esprits qui vont d'onde en onde sautans,
Ie pren plus de racine, & mon cœur si constant
Change en vn naturel si bien ceste coustume,
Que tous ces monts de flots il les couvre d'escume,
Et sentiront tousiours s'ils veulent m'approcher,
Qu'ils sont mols comme vne eau, moy dur comme vn
            rocher.
Mourez mes vers mourez puis que c'est vostre envie
                    B ij

Ce qui vous sert de mort me seruira de vie.
　Ce bel or qui nous donne vn si bel argument,
Ne se va tant soit peu dans le feu consumant,
Et d'autant plus ce feu dans son ardeur persiste
Tant plus encor cet or s'anime & luy resiste
Et mille fois remis dans le plomb qu'il soustient
Plus brillant & plus beau mille fois il reuient:
Mon amour est de mesme , & tous les maux qu'il treuue
Ne luy seruent de rien que d'vne viue espreuue,
Dont le brasier, encor qu'il se sente cuisant,
Luy fait l'ame plus nette & le front plus luisant.
Mourez mes vers, mourez puis que c'est vostre enuie
Ce qui vous sert de mort me seruira de vie.
　On n'eust iamais cognu le Sceuole Romain
Sans le beau desespoir des deux coups de sa main.
Cesar sans les Gaulois, Scipion sans Carthage
Le sommeillant repos endormoit leur courage,
Et leur nom dans la mort s'alloit desia plonger
S'il n'eust trouué sa vie en cherchant le danger.
Mō Amour cherche ainsi, pour se monstrer si braue
Des perils de l'Amour le peril le plus graue,
A la fin on verra, pour marque de vertu
Qu'il sçait que c'est de batre & non d'estre batu.
Mourez mes vers, mourez puis que c'est vostre enuie
Ce qui vous sert de mort me seruira de vie.
　Quand ie fus, par malheur, de ma belle distrait
I'emportay dans mon cœur, non le vulgaire trait
Dont mille ames gisoyent à ses pieds comme mortes
Mais les traits qui m'auoyent nauré de mille sortes
Dont elle mesme encore à l'ennuy se blessa
Et pour gage certain d'Amour me les laissa.
Comēt voulez vous dōq, qu'encor que ie m'absente
Ie n'en retienne point la memoire recente ?

Et dans ceste memoire, vn amour si viuant
Qu'on ne me trouue point pour vn homme de vent.
Mourez mes vers, mourez puis que c'est vostre enuie.
Ce qui vous sert de mort me seruira de vie.

Tout ainsi que l'on dit de ce mont embrasé,
Dont le souffre & le vent ne peut estre appaisé,
Qu'il ne vomisse en haut, des cauernes profondes
D'vn abisme grondant, ses feux à grosses ondes:
La neige d'alentour fondant à gros monceaux
Au lieu de l'estouffer l'en flamme auec ses eaux:
Mon cœur bruslant de mesme en mesme violence
Brandons dessus brandons deuers le ciel eslance,
Et quoy que le feu meure en la glace autrement,
Mes feux tout au rebours y trouuent aliment.
Mourez mes vers, mourez puis que c'est vostre enuie
Ce qui vous sert de mort me seruira de vie.

La nature est flottante, & par ses mouuemens
Elle se peint le front de diuers changemens:
Et son estre incertain est vn certain presage
Qu'ainsi comme elle pert visage apres visage
Elle perdra sa vie à la fin par la mort:
Mais mon amour constant qui iamais ne desmord
Ne change point du tout & sa vie estouffee
Ne seruira iamais à la mort de Trophee:
En fin i'auray dit vray, ne fust-ce que ce poinct,
Que i'aime de l'esprit & l'esprit ne meurt point.
Mourez mes vers, mourez puis que c'est vostre enuie
Ce qui vous sert de mort me seruira de vie.

Quand est de nostre absence, helas ie sens assez
Que ce mal est contraire à mes plaisirs passez,
Et que ie pers beaucoup par mes longues souffrances
Du bon-heur que m'auoyent conceu mes esperances.
Mais cet amour pourtant dont mon cœur est touché
N'est point par son essence à l'absence attaché,

Ce n'en est point la cause, aussi ne sçauroit-elle
Faire mourir, l'effect d'vne chose immortelle:
Au contraire le bien dont on s'est retiré
Est d'autant plus aimé plus il est desiré.
Mourez mes vers, mourez puis que c'est vostre
  ennuie
Ce qui vous sert de mort me seruira de vie.
  Ie fendray donques l'air par mes gemissemens
Aussi large qu'il est en nos esloignemens:
Mais puis que nos amours, qui fuyent les ruines,
Sont de roses priuez, nourrissons des espines
Et changeant de pasture à leurs cœurs affamez
Apprenons-leur eux mesme a ne changer iamais.
Dans les esprits bien nez, qui sentent bien empraintes
Les flesches de l'amour, de miel & de fiel taintes,
La presence fait naistre vn amoureux effet
L'absence le renforce & le fait plus parfait.
Mourez mes vers, mourez puis que c'est vostre ennui
Ce qui vous sert de mort, me seruira de vie.
  Ainsi des Tourtereaux, qui perdent leur ami,
Languit la voix és bois viue & morte à demi,
Et ces mignons d'Amour tesmoignent qu'en leur
  perte
Ils gaignent par leurs feux la perte plus ouuerte,
Et tous seuls dans ce dueil qui leur est tant amer
Apprennent doucement que c'est de bien aimer.
Qui n'aime que des yeux & ne sent point blessee
En quelque part qu'il soit iusqu'au vif sa pensee
L'Amour dans ses vergers aueugle le conduit,
Et luy donne les fleurs, & se garde le fruit.
Mourez mes vers, mourez puis que c'est vostre ennuie
Ce qui vous sert de mort, me seruira de vie.

STANCES B. D. F.

Depuis ce triste iour que mon ame captiue
S'empestra des liens de vos cruelles loix,
Et que pour vous seruir, elle tenoit craintiue
La veuë sur vos yeux, l'oreille à vostre voix.

I'arrestay mes desirs du vent de l'inconstance
D'espoir & desespoir tous les iours combatus,
Et pour les mettre, en fin, dessous quelque asseurance
Ie leur choisi le port de vos belles vertus.

Il sembloit que l'amour me prestoit la main forte
Tant il auoit son front serain de tous costez,
Vous mesme, en vos discours, monstriez en quelque (sorte
Ie ne sçay quoy de plus que les diuinitez.

Mais ce calme d'Amour me couucit un orage
Qui me deuoit bien tost dissiper le repos:
Et vous sous les douceurs de vostre beau langage,
Desguisiez vn esprit contraire à vos propos.

Quãd vous me vistes pris, au lieu que ma frãchise
Meritoit la faueur d'vn aimable recueil,
Ie n'euz, pour le loyer de si belle entreprise,
Que les esclairs tranchãs du courroux de vostre œil.

Desdain dessus desdain, martyre sur martyre
Couronnoyent les trauaux de ma fidelité,
Quoy qu'autant que i'estois digne de vostre Empire
Ie fusse indigne autant de vostre cruauté.

Quãd i'eus beaucoup souffert, ma longue patience
Blessee, se changea par contrainte en fureur,
La fureur m'alluma le desir de vengeance
Pouuois-ie sans mourir, voir mourir mon honneur?

L'enfer mesme voyant les langueurs de ma vie
Quoy qu'il soit insensible en print quelque pitié,
Et des sanglans cordeaux de la ialouse enuie

B iiij

Entortilla les nœuds des vostre autre amitié.

  Confessez franchement, vous qui sentez ces peines
Et le cruel malheur de vos afflictions,
Qu'en matiere d'Amour, les offences certaines
Sont certaines aussi de leurs punitions.

  Toutesfois, vostre mal seul tous mes maux excede,
Et ie vous plains encor ne fust-ce que ce point,
Qu'à tout le moins pour moy vous sçauez le remede
Mais pour vous mesme, helas! vous ne le sçauez
    point.

  Peut estre que changeant encore de courage
Vos malheurs enuers vous se pourroyẽt biẽ changer,
Et que ne trouuant point de suiet dauantage
La ialousie auroit honte de me venger.

  Ie le crois pour le moins, & faites-en l'espreuue
D'autant plus librement qu'il est plus deffendu,
L'attente ennuye bien, mais à la fin on treuue
Qu'vn bien fait à propos ne peut estre perdu.

Sur la mort du B. D. F.

STANCES:

Braues enfans de Mars, nourrissons de Bellone,
  Qui portez dãs vos mains les glaiues tous san-
    glans
Dont vous perçez le dos, l'estomac, & les flancs
A ces cruels voleurs des lys de la couronne.

  Et vous mon Roy, premier de rang & de courage,
Ame de tous ces corps qui vous vont tous suyuant,
Le tonnerre, & l'esclair, & le foudre, & le vent,
A qui l'Europe vn iour doit vn entier hommage.

  I'apprestois des lauriers pour ceindre vos vi-
    ctoires

Vos triomphes d'honneur estoyent desià tous prests,
Mais quoy! faut-il mesler les Lauriers de Cyprez
Et de mon triste dueil la ioye de vos gloires?
 Où m'auez-vous laissé ces aimables delices,
Ces mielleuses humeurs, ces yeux de mon ami?
Hé! cuidez vous qu'on puisse ainsi viure à demi,
Si ce n'est comme on vit au milieu des supplices?
 Luy qui vous auoit fait si prompte compagnie,
Qui couroit genereux aux dangers comme vous,
A-il tout seul laissé, dans le malheur des coups.
L'ame, de luy, de nous & de moy desunie?
 Encor que vostre coup de la coulpe s'exempte,
Et que son meurtrier aille au rang des innocens,
Si faut-il, quel qu'il soit, pour contenter mes sens
Si ie ne le condamne, au moins qu'il s'en repente.
 Aueugle il a guidé son aueugle fortune,
Et si son cœur n'a fait vn si piteux dessein,
L'outil ne s'est trouué pour le moins qu'en sa main,
Et de luy seul nous vient ceste perte commune.
 Mais en quelque façon qu'elle soit aduenue
Ie vois mon pauvre ami sur la poudre estendu,
Et les glaçons tous froids de ce sang respandu
Où iadis luy bouilloit sa valeur si cognue.
 Ces playes, que ie voy percer ainsi ces armes,
Me percent iusqu'au vif mon esprit tout dolent,
Mais dolent de l'effort d'vn dueil si violent
Qu'il arreste & denoüe & ma voix, & mes larmes.
 Lors que la voix, les cris, & l'œil les pleurs nous
   donne,
Ce sont des maux legers qui s'euuolent par là,
Mais ce mal est plus grand que non pas tous ceux là
Vn mal sous qui mon sens & s'estouffe & s'estonne.
 Mais à ce mien ami, pour marque plus notoire
Que ie l'ay tant aimé, ie luy garde vn tombeau:

B v

Mais vn tombeau tousiours esclairé d'vn flambeau,
Le tombeau mon esprit, le flambeau ma memoire.

Ah, que c'est peu de l'homme! & que ceste lumiere
Qui nous fait viure peu de peu de vent s'estaint,
Nous auons beau courir, mais la mort nous attaint
Et souuent les premiers la trouuent la premiere.

Heureux qui ne tient point sa vie à l'aduanture,
Mais quand la mort s'approche il a tant de bon heur
Qu'il l'attend pour le moins sur le pas de l'honneur
Et pour elle iamais ne change de posture.

STANCES.

Ainsi fait le Soleil, quand il monte de l'onde
Il esparpille en l'air sa cheueleure blonde
Tout beau, tout rayonneux, tout brillant de clarté,
Esteint les petits feux, espard l'obscurité
Et se donne luy mesme en son triomphe au monde.

Nimphe serois-tu point ceste mesme lumiere,
Qui laisses dans le Ciel ta course coustumiere
A quelque Phaëton qui t'ait importuné?
Ou bien, le monde est-il de deux torches orné
Du Soleil la seconde, & de toy la premiere?

Ah, que de beaux flambeaux ta face nous allume,
Qui nous donne le iour plus fort que de coustume.
Au sortir esclatant de ses sombres rideaux,
Sobres quand ils n'ont plus ces mesmes beaux flambeaux
Car à ces beaux flãbeaux leur noirçeur sa consume.

A voir tant de splendeur qui de tes yeux flamboye,
A voir tout ce bel or qui sur ton dos ondoye,
Tout tremblotans d'Amour, transformez en Zephirs
Et ce sein, qui s'estraint & s'estend de souspirs,
Que nos yeux ont de bien, & nos ames de ioye!

Mais Nimphe c'est des yeux seulemēt & des ames
Quiconque soit celuy pour lequel tu t'enflames
Il faut qu'il soit quelqu'vn d'entre les plus grands
    Dieux
Les hommes n'ont point part au regard de tes yeux,
Ce sont glaçõs pour nous, et pour luy seul des flammes
    Luy & nous te voyons, mais nõ pas tout de mesme,
Luy rauy de l'ardeur de son amour extresme
Te voit pour te cherir ou pour te desirer,
Et nous ne te voyons que pour mieux admirer
Les diuines beautez qui l'aiment & qu'il aime.
    Le Soleil n'a qu'vn monde où sa clarté rayonne,
Tu n'esclaires qu'vn Dieu qui tout à toy se donne
Vn Dieu seul, tout le reste est gisant dans la nuict,
Ou bien c'est vn esclair quand la beauté nous luit
Qui sent soudain la nuict, & soudain l'abandonne.
    Que vous estes heureux, Nimphe & Dieu tous
    ensemble,
Puis qu'en vous tout l'amour des amours se rassemble
Nompareille beauté, nompareille grandeur
On ne voit rien ici qui semble vostre ardeur,
Aussi ne voit-on rien au monde qui vous semble

STANCES.

MA belle languissoit dans sa funeste couche,
Où la mort ces beaux yeux de leurs traits
    desarmoit,
Et le feu dans sa moüelle allumé, consommoit
Les lys dessus son front, les roses sur sa bouche.
    L'air paroissoit autour tout noir, des nuits funebres
Qui des iours de la vie esteignent le flambeau:
Elle perdoit desià son corps dans le tombeau,
Et sauuoit dans le Ciel son ame des tenebres.
                            B vi

Toute la terre estoit de dueil toute couuerte.
Et son reste de beau luy sembloit odieux :
L'ame mesme sans corps, sembloit moins belle aux
    Dieux,
Et ce qu'il en gaignoyent leur sembloit vne perte.
    Ie le sçeus, & soudain mon cœur gela de crainte,
Que ce rare tresor ne me fust tout raui,
S'il l'eust esté ie l'eusse incontinent suyui,
Ainsi que l'ombre suit vne lumiere esteinte
    Nostre fortune en fin de toutes pars poussee
A force de malheur fut preste à renuerser,
Ma belle en se mourant, & moy pour me presser
Moy-mesme de ce mal dont elle estoit pressee.
    L'amour qui la voyoit cruellement rauie
S'enflame de colere a voir mourir son feu,
Accourt tout aussi tost en trouue encor vn peu
L'esuente de son aisle & luy donne la vie.
    Mais l'amour au voler se trouua tout estrange,
Car la douleur tenoit engourdis les Zephirs :
Ie les luy r'animois du vent de mes soupirs
Et s'il a fait du bien i'ay part à la louange.
    Ma belle cependant recommence a reprendre
Pour les perdus esprits, des esprits tous nouueaux
Qui pourfilent son corps de traits encor plus beaux
Et renaist tout ainsi qu'vn Phœnix de sa cendre.
    Au rapport bien heureux de si douces nouuelles
L'enfer de mes ennuis dedans l'air s'est perdu :
Que si i'ay du repos pour l'auoir entendu
Qu'aurois-ie pour l'auoir s'il me donnoit des aisles ?
    N'auray-ie doncques point encor que des oreilles ?
Et mes yeux seront-ils encor de vous priuez ?
De vous ma belle, a qui les biens sont arriuez,
Où l'amour pour nous deux desploye ses merueilles.
    Au moins triste langueur de ma longue distance

Qui m'enchaines les iours comme insensiblement
Trouuez moy quelque fin à mon esloignement
Mais ne me trouuez point de fin à ma constance.

STANCES.

N'Est-ce donc pas assez que ie sois tout en flame
Tout en flamme de vous, & pour vous mon
  flambeau,
Si pour mieux me fermer la porte de vostre ame
Vous ne m'ouuriez encor celle de mon tombeau.

Vous n'estes point conuete, & i'en ressens les preu-
Pour tant d'entiers tesmoins de ma fidelité,   (ues,
Et les rompez plustost comme de petits fleuues,
A vos rocs endurcis de l'incredulité.   (nes

Mais que vous restoit-il, si vous pour tant de gei-
Que vous m'auez donné, ne m'auez point perdu?
Si mesme pour de mal de vos iniustes haines
Mon innocent Amour du bien vous a rendu?

Quand vous dardiez sur moy vos flamesches
  bruslantes,
Ie presentois sur moy mon ame à leurs ardeurs,
Et tant plus ie sentois ces ardeurs violentes,
Tant plus ie leur rendois de plus douces odeurs.

I'ay languy tout vn temps en ce long sacrifice
Paisible à vos rigueurs, sur vostre saint Autel,
Et s'il fust onc Martyr de l'amoureux supplice,
Ou iamais il n'en fust, ou n'en fust iamais tel.

Ores que i'attendois que vostre ame appaisee
Print en fin le chemin d'vne aimable douceur,
La voila de nouueau remise en sa brisee
Et moy plus esgaré du chemin le plus seur.

Vous m'eschappez encor dans ces tortus Dedales
De deffis ombrageux & d'inconstans soupçons,

Et si nos passions estoyent d'humeurs esgales
Mes feux desià seroyent estains sous vos glaçons.
 Mais quoy! si ie ne meurs moymesme il faut qu'ils
 viuent
Et que leur sort se trouue auec le mien conioint,
Que si vos cruautez encores vous poursuyuent
Ils ne peuuent mourir, & moy ne mourir point.
 C'est ce que vous cerchez: car m'ostant la creance
Que toute Amante doit par droit à son Amant,
Vous estes proprement à mon feu son essence
Car le feu ne vit point s'il n'a son aliment.
 Helas! ne m'ostez point si promptement la vie
Si les Cieux ont encor mon destin retardé,
Vous seule de moy seul pouuez estre seruie
Comme vn Soleil de l'Aigle estre bien regardé.

Sur sa Fieure.

QVe faites vous dedans mes os
 Petites vapeurs enflammees,
Dont les petillantes fumees
M'estouffent sant fin le repos?
 Vous me portez de vaine en vaine
Les cuisans tisons de vos feux,
Et parmi vos destours confus
Ie perds le cours de mon haleine.
 Mes yeux creuez de vos ennuis
Sont bandez de tant de nuages,
Qu'en ne voyant que des ombrages
Ils voyent des profondes nuits.
 Mon cerueau siege de mon ame
Heureux pourpris de ma raison,
N'est plus que l'horrible prison
De vostre plus horrible flamme.

POESIES.

J'ay cent peintres dans ce cerueau
Tous songes de vos frenaisies,
Qui grotesquent mes fantasies
De feu, de terre, d'air & d'eau.

C'est vn chaos que ma pensee
Qui m'eslance ores sur les monts,
Ore m'abisme dans vn fond
Me poussant comme elle est poussee.

Ma voix qui n'a plus qu'vn filet
A peine à peine encore tire
Quelque souspir qu'elle souspire
De l'enfer des maux où elle est.

Las! mon angoisse est bien extresme
Ie trouue tout a dire en moy,
Et suis bien souuent en esmoy
Si c'est moy-mesme que moy-mesme.

A ce mal dont ie suis frappé
Ie comparois iadis ces rages,
Dont amour frappe nos courages.
Mais, amour, ie suis bien trompé.

Il faut librement que ie die
Au prix d'vn mal si furieux,
I'aimerois cent mille fois mieux
Faire l'amour toute ma vie.

Fin des Amours du sieur
de Sponde.

STANCES DE LA MORT,
FAITES PAR LE MESME
sieur de Sponde.

MEs yeux ne lancez plus vostre pointe es-
blouye
Sur les brillans rayons de la flammeuse vie,
Sillez-vous, couurez-vous de tenebres, mes yeux:
   Non pas pour estouffer vos vigueurs coustumieres,
Car ie vous feray voir de plus viues lumieres,
Mais sortant de la nuit vous n'en verrez que mieux.

Ie m'ennuye de viure, & mes tendres annees,
Gemissant sous le faix de bien peu de iournees,
Me trouuent au milieu de ma course cassé:
   Si n'est-ce pas du tout par defaut de courage,
Mais ie prens comme vn port à la fin de l'orage,
Desdain de l'aduenir pour l'horreur du passé.

I'ay veu comme le Monde embrasse ses delices,
Et ie n'embrasse rien au Monde que supplices,
Ses gays Printemps me font des funestes Hyuers,
   Le gracieux Zephir de son repos me semble
Vn Aquilon de peine, il s'asseure & ie tremble,
O que nous auons donc de desseins bien diuers

Ce Monde qui croupist ainsi dedans soy-mesme,
N'esloigne point iamais son cœur de ce qu'il aime,
Et ne peut rien aimer que sa difformité.
   Mon esprit au cōtraire hors du Monde m'emporte,
Et me fait approcher des Cieux en telle sorte,
Que i'en fay desormais l'amour à leur beauté.

DIVERSES POESIES. 41

Mais ie sens dedãs moy quelque chose qui gronde,
Qui fait contre le Ciel le partisan du Monde,
Qui noircist ses clartez d'vn ombrage touffu,
   L'Esprit qui n'est que feu de ses desirs m'eflamme,
Et la chair qui n'est qu'Eau pleut des Eaux sur ma
      flamme,
Mais ces eaux là pourtant n'esteignent point ce feu.

   La chair des vanitez de ce Monde pipee,
Veut estre dans sa vie encor enuelopee,
Et l'Esprit pour mieux viure en souhaite la mort.
   Ces parties m'ont reduit en vn peril extresme.
Mais, mõ Dieu, pren parti dans ces partis toy mesme,
Et ie me rengeray du parti le plus fort.

   Sans ton aide, mon Dieu, ceste chair orgueilleuse
Rendra de ce combat l'issue perilleuse,
Car elle est en son regne, & l'autre est estranger.
   La chair sent le doux fruit des voluptez presentes,
L'Esprit ne semble auoir qu'vn espoir des absentes.
Et le fruit pour l'espoir ne se doit point changer.

   Et puis si c'est ta main qui façonna le Monde,
Dont la riche Beauté à ta Beauté responde,
La chair croit que le Tout pour elle fust parfait.
   Tout fust parfait pour elle, & elle d'auantage
Se vante d'estre, ô Dieu, de tes mains vn ouurage,
Hé! deffairois-tu donc ce que tes mains ont fait?

   Voila comme l'effort de la charnelle ruse
De son bien pour son mal ouuertement abuse,
En danger que l'Esprit ne ploye en fin sous luy.
   Viẽ dõc, & mets la main, mõ Dieu, dedãs ce trou-
Et la force à l'Esprit par ta force redouble, (ble,
Vn bon droit a souuent besoin d'vn bon appuy.

Ne crain point mon Esprit d'entrer en ceste lice,
Car la chair ne combat ta puissante iustice
Que d'vn bouclier de verre, & d'vn bras de roseau.
 Dieu t'armera de fer pour piler ce beau verre,
Pour casser ce roseau, & la fin de la guerre,
Sera pour toy la vie, & pour elle vn Tombeau.

 C'est assez enduré que de ceste vermine
La superbe insolence à ta grandeur domine,
Tu luy dois commander, cependant tu luy sers:
 Tu dois purger la chair, & ceste chair te souille
Voire, de te garder vn desir te chatouille,
Mais cuidant te garder, mon Esprit, tu te perds.

 Ie te sens bien esmeu de quelque inquietude,
Quand tu viens a songer à ceste seruitude,
Mais ce songe s'estouffe au sommeil de ce corps:
 Que si la voix de Dieu te frappe les oreilles,
De ce profond sommeil soudain tu te resueilles:
Mais quand elle a passé soudain tu te r'endors.

 Tu surmontes tantost, mais tantost tu succombes,
Tu vas tantost au Ciel, mais tantost tu retombes,
Et le Monde t'enlasse encore en ses destours:
 C'est bien plus, car tu crains ce que plus tu desires
Ton Esperance mesme a pour toy des martyres,
Et bref tu vois ton Bien, mais tu suis le rebours.

 Encor ce peu de temps que tu mets à resoudre
Ton depart de la Terre, vn nuage de poudre,
Que tu pousses en l'air enueloppe tes pas:
 I'ay bien veu sauteler les bouillons de ton zele,
I'ay veu fendre le vent aux cerceaux de ton aisle,
Mais tu t'es refroidi pour reuoler en bas

Helas! que cherches-tu dans ces relans abismes
Que tu noircis sans fin des horreurs de tes crimes?
He! que tastonnes-tu dans ceste obscurité
Où ta clarté, du vent de Dieu mesme allumee,
Ne pousse que les flots d'vne espaisse fumee,
Et contraint à la mort son immortalité?

Qu'elle plaine en l'Enfer de ces pointus encom- (bres
Quel beau iour en la nuict de ces affreuses ombres?
Quel doux largue au destroit de tant de vents battus?
Repren cœur, mon Esprit, repren nouuelle force,
Toy mouëlle d'vn festu perce à trauers l'escorce,
Et, viuant, fay mourir l'escorce, & le festu.

Appren mesme du temps, que tu cerches d'estendre
Qui coule, qui se perd, & ne te peut attendre,
Tout se haste, & se perd, & coule auec ce Temps:
Où trouueras-tu donc quelque longue duree
Ailleurs mais tu ne peux sans la fin mesuree,
De ton mal, commencer le Bien que tu pretens.

Ton mal c'est ta prison, & ta prison encore,
Ce corps dont le souci iour & nuict te deuore:
Il faut rompre, il faut rompre enfin ceste prison.
Tu seras lors au calme, au beau iour, à la plaine
Au lieu de tãt de vents, tant de nuicts, tant de geines
Qui battent, qui noircist, qui presse ta raison.

O la plaisante Mort qui nous pousse à la vie,
Vie qui ne craint plus d'estre encore rauie!
O le viure cruel qui craint encor la mort!
Ce viure est vne Mer où le bruyant orage
Nous menace à tous coups d'vn asseuré naufrage:
Faisons, faisons naufrage, & iettons nous au Port.

Ie sçay bien mon Esprit, que cest air, & ceste onde,
Ceste Terre, & ce Feu, ce Ciel qui ceint le Monde,
Enfle, abisme, retient, brusle, estaint tes desirs:
   Tu vois ie ne sçay quoy de plaisant, & aimable
Mais le dessus du Ciel est bien plus estimable,
Et de plaisans amours, & d'aimables plaisirs.

Ces Amours, ces plaisirs dõt les troupes des Anges
Carressent du grand Dieu les merueilles estranges,
Aux accords raportez de leurs diuerses voix,
   Sõt bien d'autres plaisirs, amours d'autre Nature,
Ce que tu vois ici n'en est pas la peinture,
Ne fust-ce rien sinon pour ce que tu les vois.

Inuisibles Beautez, Delices inuisibles,
Rauissez-moy du creux de ces manoirs horribles,
Fondez-moy ceste chair, & rompez moy ces os:
   Il faut passer vers vous a trauers mon martyre,
Mon martyre en mourant : car helas! ie desire,
Commencer au trauail, & finir au repos.

Mais dispose, mon Dieu, ma treblante impuissance
A ces pesans fardeaux de ton obeissance:
Si tu veux que ie viue encore ie le veux,
   Et quoy ? m'ennuies-tu ton bien que ie souhaite?
Car ce ne m'est que mal que la vie imparfaite,
Qui languit sur la terre, & qui viuroit aux Cieux.

Non, ce ne m'est que mal, mais mal plein d'esperãce
Qu'apres les durs ennuis de ma longue souffrance,
Tu m'estendras ta main mon Dieu pour me guarir.
   Mais tandis que ie couue vne si belle enuie
Puis qu'vn bien est le but, & le bout de ma vie,
Appren moy de bien viure, afin de bien mourir.

AVTRES SONNETS SVR LE MESME SVIET PAR le dit sieur de Sponde.

I.

Mortels, qui des mortels auez pris vostre vie,
  Vie qui meurt encor dans le tombeau du Corps
  Vous qui r'amoncelez vos tresors, des tresors
De ceux dont par la mort la vie fust rauie:
Vous qui voyant des morts leur mort entresuyuie,
  N'auez point de maisons que les maisōs des morts
  Et ne sentez pourtant de la mort vn remors,
D'où vient qu'au souuenir son scuuenir s'oublie?
Est-ce que vostre vie adorant ses douceurs
  Deteste des pensers de la mort les horreurs,
  Et ne puisse enuier vne contraire enuie?
Mortels, chacun accuse, & i'excuse le tort   (mort,
  Qu'on forge en vostre oubli, Vn oubli d'vne
  Vous monstre vn souuenir d'vne eternelle vie.

II.

Mais si faut-il mourir, & la vie orgueilleuse,
  Qui braue de la mort, sentira ses fureurs,
  Les Soleils haleront ces iournalieres fleurs,
Et le temps creuera ceste ampoule venteuse.
Ce beau flambeau qui lance vne flamme fumeuse,
  Sur le verd de la cire esteindra ses ardeurs
  L'huile de ce Tableau ternira ses couleurs,
Et ses flots se rompront à la riue escumeuse.
I'ay veu ces clairs esclairs passer deuant mes yeux,
  Et le tonnerre encor qui gronde dans les Cieux,
  Où d'vne ou d'autre part esclatera l'orage.
I'ay veu fondre la neige & ses torrens tarir,
  Ces Lyons rugissans ie les ay veus sans rage,
  Viuez, hommes, viuez, mais si faut-il mourir.

III.

Ha! que i'en voy bien peu songer à ceste mort,
 Et si chacun la cherche aux dangers de la guerre,
 Tantost dessus la mer, tantost dessus la terre,
Mais las! dans son oubli, tout le monde s'endort.
De la Mer on s'attend à ressurgir au port,
 Sur la Terre aux effrois dont l'ennemy s'atterre:
 Bref chacũ pense à viure, & ce vaisseau de verre,
S'estime estre vn rocher bien solide, & bien fort.
Ie voy ces vermisseaux bastir dedans leurs plaines,
 Les môts de leurs desseins, dont les cimes humaines
 Semble presque esgaler leurs cœurs ambitieux.
Geants, où poussez-vous ces beaux amas de poudre?
 Vous les ammoncelez, vous les verrez dissoudre:
 Ils montent de la Terre? Ils tomberont des Cieux.

IIII.

Pour qui tant de trauaux? pour vous? de qui l'aleine
 Tant elle en la poictrine, & traine sa langueur?
 Vos desseins sont bien loin du bout de leur vigueur
Et vous estes bien pres du bout de vostre peine.
Ie vous accorde encore vne emprise certaine,
 Qui de soy court du Temps l'incertaine rigueur,
 Si perdrez vous en fin ce fruit, & ce labeur,
Le Mont est foudroyé plus souuent que la plaine.
Ces Sceptres enuiez, ces Tresors debattus,
 Champ superbe du camp de vos fieres vertus,
 Sont de l'auare mort, le debat, & l'enuie,
Mais pourquoy ceci? mais pourquoy cest effort?
 Sçauez vous bien que c'est le train de ceste vie?
 La fuite de la vie, & la course à la Mort.

V.

Helas! contez vos iours: les iours qui sont passez
Sõt desia morts pour vous, ceux qui viénét encore
Mourront tous sur le point de leur naissante Aurore,
Et moitié de la vie est moitié du decez.
Ces desirs orgueilleux pesle mesle entassez,
Ce cœur outrecuidé que vostre bras implore,
Cest indomptable bras que vostre cœur adore,
La Mort les met en geine, & leur fait le procez.
Mille flots, mille escueils, font teste à vostre route,
Vous rompez à trauers, mais à la fin sans doute,
Vous serez le butin des escueils, & des flots.
Vne heure vous attend, vn moment vous espie,
Bourreaux desnaturez de vostre propre vie,
Qui vit auec la peine, & meurt sans le repos.

VI.

Tout le monde se plaint de la cruelle enuie
Que la Nature porte aux longueurs de nos iours:
Homes, vous vous trõpez, ils ne sõt pas trop cours
Si vous vous mesurez au pied de vostre vie.
Mais quoy? ie n'entens point quelqu'vn de vous qui
Ie me veux despestrer de ces fascheux destours,
Il faut que ie renole à ces plus beaux seiours,
Où seiourne des Temps l'entresuitte infinie
Beaux seiours, loin de l'œil, pres de l'entendement.
Au prix de qui ce Temps ne monte qu'vn momẽt,
Au prix de qui le iour est vn ombrage sombre:
Vous estes mon desir, & ce iour, & ce Temps,
Où le Monde s'aueugle, & prend son passe temps,
Ne serõt iamais qu'vn moment, & qu'vne
Ombre.

VII.

Tandis que dedans l'air vn autre air ie respire,
　Et qu'à l'ennuy du feu i'allume mon desir,
　Que i'enfle contre l'eau les eaux de mon plaisir,
　Et que ie colle à Terre vn importun martyre.
Cest air tousiours m'anime, & le desir m'attire,
　Ie recerche à monceaux les plaisirs à choisir,
　Mon martyre esleué me vient encor saisir,
　Et de tous mes trauaux le dernier est le pire.
A la fin ie me trouue en vn estrange esmoy,
　Car ces diuers effets ne sont que contre moy
　C'est mourir que de viure en ceste peine extres-
Voila comme la vie à l'abandon s'espard, 　　(me.
　Chasque part de ce Monde en emporte sa part,
　Et le moindre à la fin est celle de nous mesme.

VIII.

Voulez vous voir ce trait qui si roide s'eslance
　Dedans l'air qu'il poursuit au partir de la main?
　Il monte, il n'ote, il perd mais helas! tout soudain
　Il retombe, il retombe, & perd sa violence.
C'est le train de nos iours, c'est ceste outre cuidance
　Que ces monstres de Terre allaittent de leur sein.
　Qui baise ores des monts le sommet plus hautain,
　Ores sur les rochers de ces vallons s'offence.
Voire ce sont nos iours : quand tu seras monté
　A ce poinct de hauteur, à ce poinct aresté,
　Qui ne se peut forcer, il te faudra descendre.
Le trait est empenné, l'air qu'il va poursuyuant,
　C'est le chāp de l'orage, hé cōmence d'apprendre,
　Que ta vie est de Plume, & le monde de Vent.

IX.

IX.

Qui sont, qui sont ceux là, dont le cœur idolatre,
 Se iette aux pieds du Monde, & flate ses hôneurs,
 Et qui sont ces valets, & qui sont ces Seigneurs,
 Et ces ames d'Ebene, & ces faces d'Albastre?
Ces masques desguisez, dont la troupe folastre
 S'amuse à carresser ie ne sçay quels donneurs
 De fumees de Court, & ses entrepreneurs
 De vaincre encor le ciel qu'ils ne peuuët cōbatre?
Qui sont ces louäyeurs qui s'esloignent du Port?
 Hommagers à la vie, & felons à la Mort,
 Dont l'estoille est leur Bien, le Vent leur fantasie?
Ie vogue en mesme mer, & craindrois de perir
 Si ce n'est que ie sçay que ceste mesme vie
 N'est rien que le fanal qui me guide au mourir.

X.

Mais si mon foible corps, qui comme l'eau s'escoule,
 Et s'affermit encor plus long tēps qu'vn plus fort,
 S'auance à tous moments vers le sucil de la mort,
 Et que mal dessus mal dans le tombeau me roule.
Pourquoy tiendray-ie roide à ce vent qui saboule
 Le Sablon de mes iours d'vn inuincible effort?
 Faut-il pas resueiller ceste Ame qui s'endort,
 De peur qu'auec le corps la Tempeste la foule?
Laisse dormir ce corps, mon Ame, & quand à toy
 Veille, veille, & te tien alerte à tout effroy,
 Garde que ce larron ne te trouue en lormie:
Le poinct de sa venuë est pour nous incertain,
 Mais, mon ame, il suffist, que cest autheur de vie,
 Nous cache bien son tēps, mais non pas son dessein.

e

XI.

Et quel bien de la Mort? où la vermine rouge,
 Tous ces nerfs, tous ces os, où l'Ame se depart,
 De ceste orde charongne, & se tient à l'escart,
 Et laisse vn souuenir de nous comme d'vn songe?
Ce corps qui dans la vie en ses grandeurs se plonge,
 Si soudain dans la mort estouffera sa part,
 Et sera ce beau Nom qui tant par tout s'espard,
 Borné de vanité, couronné de mensonge.
A quoy ceste Ame helas! & ce corps desunis,
 Du commerce du monde hors du monde bannis?
 A quoy ces nœuds si beaux que le Trespas deslie?
Pour viure au Ciel il faut mourir plustost icy:
 Ce n'en est pas pourtant le sentier racourcy,
 Mais quoy? nous n'auons plus ny d'Henoc, ny d'E-
(lie.

XII.

Tout s'enfle contre moy, tout m'assaut, tout me tente,
 Et le Monde, & la chair, & l'Ange reuolté,
 Dont l'onde, dont l'effort dont le charme inuenté,
 Et m'abisme, Seigneur, & m'esbrâle, & m'échâte.
Quelle nef, quel appuy, qu'elle oreille dormante,
 Sans peril, sans tomber, & sans estre enchanté,
 Me donras-tu ton Temple où vit ta Sainteté,
 Ton inuincible main, & ta voix si constante?
Et quoy? mon Dieu, ie sens combattre maintesfois,
 Encore auec ton Temple, & ta main, & ta voix,
 Cest Ange reuolté, ceste chair, & ce Monde.
Mais ton Temple pourtant, ta main, ta voix sera
 La nef, l'appuy, l'oreille, où ce charme perdra,
 Où mourra cest effort, où se perdra ceste onde.

A Madamoiselle de SPONDE, sur la mort de son mary.

SONNET.

HElas! que ton mary fust digne de sa femme,
Femme par tes vertus digne de ton mary,
Et toy de luy cherie, & luy de toy chery, (ame.
Vous faisiez dans deux corps, de deux ames vne

Vous bruslastes tous deux d'vne semblable flame:
De mesmes dons du ciel chacun fut favori: (guari:
Tous deux blessez d'vn traict, dont nul ne fut
Et tous deux attachez d'vne diuine trame.

Mais ton mary est mort: & tu vis en ton dueil,
Tu es seule en ton lict: il est seul au cercueil,
Et sa mort de ta mort n'est encore suyuie.

Non, non, vous partagez vn reciproque sort,
Il prend dedans ton cœur la moytié de ta vie:
Tu prens dans son tombeau la moytié de sa mort.

H. Honoré de Laugier escuyer de PORCHERES.

e ij

STANCES FVNEBRES
du sieur de PORCHERES.

Sur la vie, la Mort, & les escrits de feu
sieur de SPONDE.

Esprit enfant d'honneur, hõneur des bõs esprits,
Qui prens devers le Ciel ta route souhaitee,
Pourquoy rends-tu si tost d'vn desdaigneux mespris,
Au poudreux element la lumiere empruntee?

O grand'hõme, ô grãd' ame, & plus que ie ne dy:
Le Soleil, le seul œil des hommes, & des ames,
Soleil qui vas cachant, sans toucher ton midy
Au couchant de la mort, l'orient de tes flammes,

Depuis qu'en l'occident tout ton cours est passé
Que tu laisses la terre en des ombres funebres,
Mon cœur est en nuage, & mon corps est glacé,
Mes yeux sont à la pluye, & mon ame aux tenebres.

Ie te dois bien premier rendre vn dernier devoir,
Autant que la douleur me le pourra permettre:
Par ce que ie t'aimay, dés que ie te peus voir,
Et tu m'aimas dés lors que tu me peus cognoistre.

Nul ne peut mieux que moy, discourir de ta mort
Pour en avoir esté le tesmoin occulaire:
Mais quand en ce discours se bande mon effort,
L'effort de la douleur me contraint de me taire.

Ie te celebreray, selon ma passion:
Ou manqueray de los, manquant de cognoissance,
Si ie te louë trop, c'est mon affection:
Si ie te louë peu, c'est mon insuffiance.

Ce bel esprit couroit au fauorable vent,
Alors que sa raison arresta sa carriere,
Et comme son credit le poussoit en auant,
Sa vertu tout ainsi le reculoit arriere.

Tout le Monde l'honore en sa prosperité,
Pendant que son bon-heur son merite seconde:
Mais en abandonnant toute mondanité:
Il fust lassé du monde, & delaissé du monde.

Courage, dit-il lors, c'est ce que i'ay predit:
C'est tout ce qu'il me faut, puis qu'il faut que ie m'ai-
Non non ie sauue tout, en perdant le credit.   (me:
Et que perd-il celuy qui se sauue soy-mesme?

De l'Eglise ie voy le nauire asseuré,
Il faut entrer dedans, pour sortir de l'orage,
Ie veux en ce malheur me rendre bien-heuré,
Et pour toucher le port faire vn heureux naufrage.

Puis ie voy ce grand Roy des Princes l'ornement,
Fils aisné de l'Eglise: & pere de la France,
A l'Eglise sa mere obeir seulement:
Et commander à tout par son obeissance.

Luy qui pardonne autāt, comme il peut surmonter,
Et qui n'est surmonté sinon de sa clemence:
Qui dompte fierement ce qui veut resister,
Indomptable se rend sans faire resistance.

C iij

Heureux iour roy des iours, que ce biē-heureux Roy
Print aux pieds de l'autel ses graces immortelles,
Quand vainqueur de la terre, & vaincu de la foy,
Il vit dessous les siens les testes des rebelles.

Seul ie ne change pas, ny pour luy seulement.
Ie l'admire en cela, plus que ie me l'imite:
Si ie fais comme luy, ce zelé changement
Vient de la cognoissance & non pas de la suitte.

Ce dit, de SPONDE fust Catholique Romain,
Sur ta sincerité confesse-moy de SPONDE
Le bout de ton desir, le but de ton dessein
Fust-ce le bien de l'ame, ou bien celuy du monde?

Car on te reprocha que l'imitation
T'attirant à l'autel, te retira du temple:
Mais tu declares bien que ta conuersion
Estoit plus par raison, que non pas par exemple.

Apres auoir tiré tous les traits de ton cœur:
Deffendu vaillament ce que tu voulois croire:
Tu vins combattre BEZE, & demeurant vainqueur,
Las! tu perdis la vie, au gain de la victoire.

Escriuant contre luy tu trauaillois tousiours:
Mais ah! cruel trauail! diligence inhumaine!
En allongeant ton nom, tu racourcis tes iours:
Pour reuiure au repos, tu meurs en ceste peine.

Mais si tu m'eusses creu, cela ne seroit pas,
O de SPONDE pourquoy ne me voulus tu croire?
Pour viure, ie te dis, tu t'en vas au trespas,
Et amoindris ta vie, en augmentant ta gloire.

Ie mouray, disois-tu, ie mouray glorieux
Soldat de Iesus Christ en si belle escarmouche:
Lors on voyoit sortir les larmes de mes yeux,
Quand i'escoutois sortir ces propos de ta bouche.

Ce n'est riē, dis-ie alors, craignez vous de mourir?
Ce n'est rien, me dis-tu, puis que c'est la mort mesme,
Ce n'est rien que la mort, ie ne crains de guarir
Tous mes extresmes maux par ce remede extresme

La Parque arriue à toy, afin de faire aller
Ton ame sur le ciel, & ton corps sous la lame:
Auant que de mourir, tu voulus m'accoller,
Mais en prenant mon corps, que ne pris tu mon ame?

Ta femme se mouroit, en taschant d'attacher
Sa leure demi-viue à ta leure mourante,
Alors qu'elle voulust de sa bouche boucher
Le passage mortel de ton ame fuyante.

Ceste bouche se clost, d'où, quand elle s'auuroit,
Distilloit le doux miel des facondes abeilles:
Ie croyois fermement, que quand il discouroit,
Nostre souuerain bien fust dedans les aureilles.

Il estoit si facond, qu'il eust charmé la mort:
Mais quoy? il desdaigna de parler auec elle:
La mort fit contre luy tout son plus grand effort,
Cependant qu'il parloit à la vie eternelle.

En parlant il mourut: en mourant il parla,
Et souspira d'vn coup, la vie, & la parole:
Helas! pour vn souspir son ame s'enuola:
Et pourtant de souspirs mon ame ne s'enuole.

C iiij

Ame lasche & poltronne, ha! tu n'en vaut pas (mieux,
D'auoir quitté cest' ame en si belle carriere,
Mes yeux qui vistes lors en tenebres ses yeux,
Et quoy voyez-vous bien encore la lumiere?

Cet esprit fut porté sur l'aisle des zephirs,
Qui musquant des parfums les campagnes d'Elise,
Sous l'oreille des fleurs haleinent leurs souspirs:
Zephirs qui sont la voix, dont chaque arbre deuise,

Qui retournent le son des chantres emplumez,
Et vont remurmurant la parolle de l'onde,
Tous parloyent de SPONDE, & les bois animez
Inclinoyent à ce nom leur cyme vagabonde.

Là parmy les lauriers, les myrthes, les palmiers,
Le myrthe, le laurier, & la palme on luy donne:
Le chantre Vandomois, se leuant des premiers,
Des deux premiers rameaux luy fait vne couronne

La palme, dit Seneque, est deuë à tes trauaux,
Dont le poids n'a iamais tes vigueurs estouffees,
Tu reuelas tes biens, sous le faix de ces maux,
Qui pousserent au ciel l'honneur de tes trophees.

N'apris-tu pas chez moy ce bel enseignement,
Comme il faut que l'esprit en tous malheurs se range?
Tu changeas ma parole, & en ce changement
Si tu gaignes beaucoup, ie ne perds rien au change.

I'ayme mieux en François, que non pas en Latin,
Et si t'estois mortel ce seroit mon langage:
Mais helas! ie maudits la mort, & le destin,
Qui ne t'ayent permis d'acheuer mon ouurage.

Homere luy disoit, de SPONDE studieux,
Ie ne suis point ingrat de tes veilles passees,
Quand si ieune expliquant vn Poete si vieux,
Tu mis à la clarté l'obscur de mes pensees.

Hesiode luy tint presque mesme propos:
Mais il ne retint pas l'esprit en sa franchise,
Qui s'enuole sans peine au bien-heureux repos,
Et donne dans le ciel abandonnant l'Eglise.

Où, le chantre Royal, qui l'auoit attendu
L'embrassant luy disoit ces paroles benignes:
Ie t'estrains tout autant, que tu as estendu
Les mistiques replis de mes chançons diuines.

Mais esprit immortel, raconte moy comment?
Et pourquoy tu changeas ta premiere creãce? (mẽt,
Heureux, respõd de SPONDE, heureux ce chãge-
Que ie puis bien nommer mon heureuse inconstance.

I'auois irresolu d'vn & d'autre costé,
Par diuerses raisons ma foy contrepoussee,
Et pesant l'aparence, auec la verité,
I'inclinois çà & là mon ame balancee,

Alors que du PERRON, l'esprit des bons esprits
Le Demon du sçauoir, le ciel de la doctrine,
Ciel qui comprenant tout, est du tout incompris,
Demon de forme humaine, & d'essence diuine.

Quand, dis-ie, du PERRON affermist à l'instãt
Du poids de ses raisons ma legere inconstance:
Ie le voy, ie l'escoute, & vis en l'ecoustant
La nature du vray en l'art de l'éloquence,

Ie tafche à contredire à ce qu'il me difoit:
Ie demande: il refpond. Ie m'eftonne: il me preffe.
L'importance pourtant de ce fait me faifoit
Non accufer fa force, ains pluftoft ma foibleffe.

Me voila fans parole, & luy fans contredit,
Que fi ie n'euffe veu la partie mal faite,
Ie me fuffe rendu à celuy, qui rendit
Et mon ame eftonnee, & ma bouche muette.

Or quelque temps apres, que ie fus en prifon,
I'efpluchay viuement ma creance premiere:
I'eftois tout au trauail, & tout à l'oraifon,
Quand Dieu fauorifa ma peine, & ma priere.

Prifon, non pas prifon: mais pluftoft liberté,
Où i'eus tant de repos, de tant d'inquietude:
Ie fus illuminé, dans cefte obfcurité:
Et bien accompagné dans cefte folitude.

I'y changeay dōc ma foy (bien-heureux changemēt
Que tu fus trauerfé de mainte œillade lourfche!)
Quand ie vis que le monde en parloit fauffement,
Ie luy ouuris mon cœur, pour luy fermer la bouche.

Ie tiray du penfer iufqu'au dernier repli:
Puis ie fis vn Traicté des marques de l'Eglife:
Mais la mort m'empefcha de le voir accompli
En arreftant ma vie, auec mon entreprife.

Non rien ne me pleuft tant, que de mourir alors,
Que fortant de l'erreur, i'entray deffous la lame:
Ainfi quand ie perdis la vie de mon corps,
Ie venois de gaigner la vie de mon ame.

POESIES.

Là de SPONDE se teust. Mais ie ne me tais pas:
J'importune le Ciel de mes tristes complaintes,
O ciel enuoyez-moy la ioye ou le trespas,
Si vous aymez de SPONDE, aymez-vous bien mes
  plaintes?

Son amitié luy fait ressentir mon malheur:
Et la mienne les cris, que chacun luy enuoye,
Ostez-moy donc ma vie, auecque ma douleur,
Ou rendez-moy sa vie, en me rendant ma ioye.

De le pleurer tousiours ce n'est rien que de l'eau,
Trop debile tesmoin d'vne douleur si forte:
Il faut qu'vn iuste los luy serue de tombeau:
Mais pour loüer ce mort toute loüange est morte.

Nous auons le suiet, & non pas le pouuoir,
Qui pourroit bien loüer de SPONDE, que de
  SPONDE?
Celuy qui comprenoit vn monde de sçauoir,
Ne peut estre compris par le sçauoir du monde.

STANCES DVDIT SIEVR DE PORCHERES, SVR les Cheueux de Madame la Marquise de Monceaux.

Doux chenons de mon Prince, agreables sup-
  plices,
Blonds cheueux, si ie loüe icy vostre beauté,
On iugera mes vers, pour estre vos complices,
Criminels comme vous de laize-Maiesté.

I'ay marié ma faute auec ma repentance,
Mais voyant les liens dont il est attaché,
Comme il ayme son mal, ie cheris mon offence
Et tiens le repentir pire que le peché.

Imitant vos rigueurs pour meriter ses gesnes,
Ie beniray mes vers, s'ils mont fait aiourdhuy
Fauteur de vostre crime & digne de ses chesnes,
Coulpables comme vous & puni comme luy.

Beaux Geoliers de mon Roy, son ame prisonniere
Desdaigne sa franchise & non pas sans raison:
Car si vous la tenez en vos retis de lumiere,
Au moins vous n'este pas vne obscure prison.

Le tributaire amant qui sortit du Dedale
Conduit par vn filet fauorable à ses vœux,
Ne quiteroit iamais cette Geolle Royale
Si l'on ne luy donnoit vn fil de ses cheueux.

Ce riche labyrinte œuure de la nature
Dans ses dorez contours arresteroit ses pas,
Et quand vous luy rendriez, mesmes auec vsure,
Sa liberté premiere il ne la voudroit pas.

Beau poil n'estes vous point la riuiere Pactolle
Qui flote precieuse en riches ondes d'or?
Car c'est or espandu flotant d'vne onde molle
En a toute la forme & la couleur encor.

Vostre corps n'est pas d'air, d'eau, de terre, & de
 flame,
Mais de quelque element plus pur que tous ces corps,
Le ciel vous a donné vn amour pour vne ame
Qui vous rēd tous viuās & qui nous rend tous morts.

Subtile trame d'ambre en crespillons semee
Qui deuisez d'amour auecques les zepbirs,
Ils reçoyuent de vous leur odeur enbasmee
Et vous receuez d'eux leurs amoureux souspirs.

Vous tremblez beaux cheueux, vous par qui cha-
 cun tremble
En pouuoir tous diuins, en douceur tous humains,
Et que pouuez-vous craindre & tant & tous ensem-
 ble,
Et tous freres gemeaux aussi bien que germains?

O beaux rayons frisez, crespez frangeons de flame
Petits filets de feu qui iamais ne s'esteint,
Quoy? vous estes si pres du front de vostre Dame
Et vous ne fondez pas la neige de son teint?

Contraires qualitez vous estes appaisees
Pour faire aymer & craindre vn si diuin pourpris,
L'vne enflame des Roys les ames embrasees,
L'autre glace de peur le reste des esprits.

SONNET,

Sur les Yeux de Madame la Marquise de Monceaux, du Sieur de
PORCHERES.

Ce ne sont pas des yeux, ce sont plustost des Dieux,
Ils ont dessus les Rois la puissance absoluë:
Dieux, non, ce sont des cieux, ils ont la couleur bleuë,
Et le mouuement prompt comme celuy des Cieux.

Cieux, non, mais deux Soleils clairement radieux
Dont les rayons brillans nous offusquent la veuë:
Soleils, non, mais esclairs de puissance incogneuë,
Des foudres de l'amour signes presagieux.

Car s'ils estoyent des Dieux feroyët ils tant de mal?
Si des Cieux, ils auroyent leur mouuement esgal:
Deux Soleils, ne se peut: le Soleil est vnique.

Esclairs, non: car ceux-cy durent trop et trop clairs:
Toutesfois ie les nomme, afin que ie m'explique,
Des yeux, des Dieux, des Cieux, des Soleils, des esclairs.

STANCES DV SIEVR
DE BERTAVLT

Mon esprit honoré de vostre obeissance
Ne se doit point douloir de sa captiuité:
Vostre seruice estoit la fin de ma naissance,
Et la fin de chacun est sa felicité.

Mon ame est de vos loix si doucement pressee
Que hors de leur prison rien ne me semble doux,
Et ne puis viure heureux qu'alors que ma pensee
Me fait mourir en moy pour aller viure en vous.

C'est dedans vous aussi que la beauté resserre
Tout ce que les dieux ont de plus delicieux:
Ie vis viuant en moy comme l'on vit en terre
Ie vis viuant en vous comme l'on vit aux cieux.

Ie suis donc obligé de vous seruir, Madame,
Et de suyure les loix que vostre œil me prescrit:
Car ie ne suis qu'vn corps de qui vous estes l'ame,
Et le corps est tenu de seruir à l'esprit.

Mais que dis-ie troublé de l'amour qui m'enyure
Vous nommant mon esprit ie m'abuse bien fort,
C'est naturellement l'esprit qui nous fait viure;
Et vous tout au rebours vous me donnez la mort.

Non vous estes ma vie & par vous ie respire,
Mais comme en vn flambeau que l'on renuerse en bas
La cire esteint le feu bien qu'il viue de cire,
Ainsi de vous me vient le viure & le trespas.

Las! n'auiendra-il point pour comble de mon aise
Et pour me faire aller de pair auec les Dieux,

Que vostre ame s'eschauffe à cette mesme braise
Qui s'alume dans moy du doux feu de vos yeux?
   Si tant d'heur m'auenoit, telle aise & telle gloire
De mes trauaux passez, adouciroit le fiel,
Que ie ne serois plus dificulté de croire
Q'il se boit du Nectar ailleurs que dans le Ciel.
   Mais il sufist qu'vn Dieu d'vn œil doux & propi-
Regarde la victime & le cœur qui ce plaint, (ce
Sans qu'il brusle luy mesme au feu du sacrifice
Mesme flame embrasant & l'offrande & le saint.
   Ainsi mon doux espoir tout ce que ie demande,
Lors que de mes souhaits i'importune les Cieux,
C'est que mon cœur ardant soit trouué digne offrande
De vous sa belle idole & du feu de vos yeux.
   Bien sont-ce des souhaits que iamais ie n'estime
Par l'acomplissement pouuoir estre finis:
Car qui d'vn si beau feu seroit digne victime
A vous Soleil vnique il faudroit vn Phenix.

Du sieur de Bertaut.

Quand ie reuis ce que i'ay tant aymé
  Peu s'en salut que mon feu ralumé
N'en fist l'amour à mon ame renaistre,
Et que mon cœur autrefois son captif
Ne resemblast l'esclaue fugitif
A qui le sort fait rencontrer son maistre.
   Que de discours l'vn l'autre seduisans,
Que de desseins l'vn l'autre destruisans,
Sentis-ie alors agiter mon courage?
Que mon esprit de ces graces pipé
Se repentit de s'estre destrempé
Qu'il me desplut d'estre deuenu sage.

POESIES.

O belles mains, ce dis-ie en gemissant,
Dont la beauté mille ames rauissant
Se glorifie en ses douces rapines:
Qu'il me desplaist d'auoir rompu vos fers
Pour le tourment qu'en aimant i'ay souffert
Quittant les fleurs pour haine des espines.

L'ire du ciel & le sort rigoureux
Qui rend mes ans dolens & malheureux
Veulent tousiours sans pitié me poursuyure,
Si depuis l'heure où cherchant de guarir
Pour vos beautez, i'ay cessé de mourir,
Mon cœur ne peut auoir cessé de viure.

Que maudit soit le despit insensé
Qui conseillant mon esprit offensé
Vint amortir ce doux feu de mon ame:
I'estois alors vn vif flambeau d'amour,
Ce fust m'oster la lumiere & le iour
Et me tuer que d'esteindre ma flame.

Mais ie la veux en mon cœur r'allumer,
Ce deust mon corps en cendre consumer
Et deuant l'heure en la tombe descendre:
Que ma raison cesse de s'en douloir
Car ie la veux, & la veux bien vouloir,
D'vn si beau feu belle sera la cendre.

De tels propos bouteseux de mon cœur
Rendant l'amour derechef mon vainqueur
Ie me faisois à moy mesme la guerre,
D'vn tel desir r'enchainant ma raison,
Qu'il me sembloit que r'entrant en prison
Ie m'acquerois l'Empire de la terre.

Mais aussi tost que ie fis repasser
Deuant les yeux de mon triste penser
La tyrannie exercee en mon ame,
Et les rigueurs qui m'ont recompensé:

Le nouueau trait en mon cœur eslancé
N'eust point de force aupres de ce Dictame.

　Veu le mespris dont ce cœur sans pitié
Fouloit aux pieds ma constante amitié
Quand ie, portois le ioug de son seruage,
Voudrou-ie bien retourner sous sa loy?
Hà mal-heureux! dis-ie lors à part moy,
Si i'ay ce cœur ie n'ay point de courage.

　Puis que i'ay peu de ses lacs m'affranchir
Sous son pouuoir ie ne veux plus flechir
Quelque beauté dont son œil la renomme:
Elle a destruit vn amour trop parfait,
Elle a monstré qu'elle est femme en effect
Il faut aussi monstrer que ie suis homme.

　Ainsi parlay-ie en sentant reuenir
Dedans mon ame vn cuisant souuenir
Qui conuertit ma complainte en blaspheme,
Et tellement ie m'allois resistant
Que ie me veis presque en vn mesme instant
Vaincu d'amour & vaincu de moy mesme.

RESPONSE.

LE feu leger qui s'allume & s'estaint
　Au maindre obiet que l'amour vous despeint
Est vn tesmoin de vostre ame volage:
L'on doit hair vn amour si commun:
Vous acquerir ou vous perdre est tout vn,
L'vn n'est pas gain l'autre n'est pas dommage.

Tant de discours l'vn à l'autre opposez
Font assez voir comme vous disposez
A vostre gré vostre leger courage:
Et ne pensez que pour auoir quitté
Vn beau lien pour viure en liberté

Vous soit tesmoin d'estre deuenu sage.
Le myrthe beau que ses mains ont planté
Dans vostre cœur, lieu d'infidelité,
N'auoit pas pris d'assez fortes racines:
Si vous l'eussiez arrousé de vos pleurs
Amour soudain eust fait naistre des fleurs
Où il n'eust point fallu craindre d'espines.

Le ciel tousiours se monstre rigoureux
Aux inconstans qui d'vn esprit paoureux
Quittent leurs vœux pour crainte de la peine,
Et faut souuent qu'au lieu de soulager
Les maux passez ils tombent en danger
De voir tousiours leur esperance vaine.

C'est bien de vray auoir l'esprit blessé,
Et de raison estre tout delaissé
Que d'amortir vne diuine flame!
Mais pour punir le crime d'vn tel fait
Le repentir n'a pas assez d'effect
Il faut mourir par les mains de sa Dame.

Non, il n'est pas permis de r'allumer
Vn feu esteint faute de bien aimer
D'vn amour mort trop froide en est la cendre
Elle ressemble à celle des tombeaux:
Voila comment tous les legers cerueaux
Font les amours en la tombe descendre.

Amour desdaigne & mesprise les cœurs
Ores vaincus & maintenant vainqueurs
Mourant cent fois d'vn inconstant martyre:
Il faut tousiours estre semblable à soy,
Auoir sur tout vne constante foy,
Pour estre fait digne de son Empire.

Ingrat amant qui pensez excuser
Vostre inconstance en pensant accuser
Les cruautez de l'œil qui vous enflame,

C'est estre espris de rage & de fureur,
C'est trop se plaïre à flatter son erreur
Que s'excuser pour accuser sa Dame.
  Vous vous plaignez que vos trauaux passez
N'ont pas esté d'elle recompensez,
Iniuste plainte, inciuile requeste
Demander plus qu'on ne peut meriter
N'estoit ce assez à vous de souhaiter
Que vous fussiez digne de sa conqueste?
  Vous deliurant de la prison d'amour,
Des deitez l'agreable seiour,
Pensez vous bien que ce fait vous renomme?
Celle qui rompt vn amour imparfait
Nous fait iuger qu'elle est femme d'effet,
Et vous monstrez que vous estes moins qu'homme.
  Voyez quels maux naissent d'estre inconstant,
Rien ne nous plaist, nostre esprit mal content
Nous fait ouurir la bouche à tout blaspheme:
Soyez constant au moins à l'aduenir
Si vous voulez tous vos malheurs finir
Lors vous vaincrez & l'amour & vous mesme.

REGRETS DVDIT SIEVR BERTAVLT, SVR LA mort du feu Roy.

CE n'est point pour moy que tu sorts
Grand Soleil, du milieu de l'onde:
Car tu ne luis point pour les morts
Et ie suis du tout mort au monde,
Vif aux ennuis tant seulement,
Et mort à tout contentement.

  Aussi suis ie à voir ton flambeau
Depuis qu'vn exil volontaire
M'enferma, comme en vn tombeau,
Dans ce lieu triste & solitaire,
Où les vers de cent mille ennuis
Me rongent les iours & les nuicts.

  Mes plaisirs s'en sont enuollez
Cedant au malheur qui m'outrage,
Mes beaux iours se sont escoulez
Comme l'eau qu'enfante vn orage.
Et s'escoulant ne m'ont laissé
Que le souuenir du passé.

  Ah! regret qui fais lamenter
Mon ame, au cercueil enfermee,
Cesse de plus me tourmenter
Puis que ma vie est consommee:
Ne trouble point de tes remors
La triste paix de pauures morts.

Assez, lors que i'estois vinant
I'ay senti tes dures attaintes:
Assez tes rigueurs esprouuant
I'ay frappé le Ciel de mes plaintes:
Pourquoy, perpetuant mon dueil,
Me poursuis-tu dans le cercueil?

Pourquoy viens tu ramenteuoir,
A ma miserable memoire,
Le temps, où mon cœur s'est peu voir
Comble d'heur, de ioye & de gloire,
Maintenant qu'il est de tourmens
De pleurs & de gemissemens?

Vois tu pas bien qu'en ces mal-heurs
Qui foulent aux pieds ma constance,
Ie sens d'autant plus de douleurs
Que mon ame a de souuenance,
Et n'estant plus, suis tourmenté
Du souuenir d'auoir esté.

Or ie sens combien les plaisirs
Sont amers à la souuenance,
Quand en contemplant les desirs
Le cœur en perd la iouyssance,
Et combien n'auoir iamais eu
Est plus doux que d'auoir perdu.

Helas! les destins courroucez
Ayant ruyné mes attentes,
Tous mes contentemens passez
Me sont des angoisses presentes,
Et m'est maintenant douloureux
D'auoir veu mes iours bien-heureux.

O douce cause de mon bien
Qui n'es plus qu'vn petit de poudre,
Et sans qui ie ne suis plus rien
Qu'vn tronc abbatu par la foudre,

De quel poinct de felicité
Ton trespas m'a precipité?
 Helas! au lieu que toy viuant
Nul ennuy ne me faisoit plaindre,
Et qu'vn tel heur m'alloit fuyuant
Qu'on esperoit tout sans rien craindre:
Maintenant reduit à pleurer
Ie crains tout sans rien esperer.

 Mais que peut craindre desormais,
Quelques maux dont la vie abonde,
Vn cœur miserable à iamais
Qui n'a plus rien a perdre au monde,
Et qui du tout desesperé
Vit à tout mal-heur preparé?

 Non, non, ton trespas m'a rendu
D'espoir & de crainte deliure,
Et le perdant i'ay tout perdu:
Ie ne crains plus rien que de viure:
Viure encor est le seul mal-heur
Qui peut accroistre ma douleur.

 Car gemissant dessous le fais
Dont m'accable vne peine extresme,
Et suruiuant comme ie fais
A tout mon bien, voire à moy-mesme,
Viure m'est comme vn chastiment
D'auoir vescu trop longuement.

Stances sur le depart de Madame s'en allant de Bordeaux, du sieur de Brach.

Garonne, Lot, & Tar, orgueilleuses riuieres,
Sçachant bien que leur nom demeurra renom̄

D'auoir porté Madame, elles marchent plus fieres,
Doublant pour l'accueillir leur cours accoustumé,
  Mais si onc tu apris d'entendre nos prieres
O rogueux Ocean, outrepousse tes eaux,
Renuoye contremont ces ondes fontainieres,
Qu'auiourd'huy ton reflus ne tourne nos vaisseaux.
  Quoy si Phebe autrefois arrestant sa carriere
A fait deux ou trois iours durer son occident,
Pourquoy ne pourras tu sans refluer arriere
Vn seul iour de tes eaux brider le descendant?
  Arreste leur courant, que ton onde marine
En variant ton cours ne leur preste secours
Pour nous venir rauir l'vnique Catherine,
Beau fleuron de nos lys, beau soleil de nos iours.
  Ains plustost tout collere arme toy de furie,
Iette la peur au cœur des tremblans matelots,
Sois couuert d'vne nuict & de gresle & de pluye,
Combats les flots de vent, & les vaisseaux de flots.
  Mais non, ne le faits pas rasserene ta face
Rase tes flots chenus, fais l'eau sous l'eau renger,
Frise en cristal luisant vn cours plain de bonace,
Ferme tes flots aux vents qui les font orager.
  Car ceste grand' Princesse a pris des Rois de France
Son estre tout diuin : or à leur Royauté
Qui auec la celeste a quelque conuenance,
On ne doit opposer vne autre volonté.
  Son cœur est au depart, soit donc en son voyage
La terre sur-semee & d'œillets & de lis.
Sans tempeste les vents, l'air sans pluyeux orage,
Li soyent pour comble d'heur ses desirs accomplis.
  Mais voyez tout le Ciel se voiler d'vne nuë
Qui rioit si sereine quand Madame arriua,
C'est qu'auec nous, le Ciel rioit à sa venuë,
Et s'attriste auec nous ores qu'elles s'en va.

STANC.

STANCES DVDIT SIEVR DE BERTAVLT.

DEs maux si desplorables
M'accablent dessous eux,
Que les plus miserables
Se comparans à moy se trouueront heureux.

Ie ne fay à toute heure
Que souhaiter ma mort,
Dont la longue demeure
Prolonge dessus moy l'insolence du sort.

Mon lit est de mes larmes
Trempé toutes les nuicts,
Et ne peuuent ses charmes
Lors mesme que ie dors endormir mes ennuis.

Si ie fais quelque songe
I'en suis espouuenté:
Car mesme son mensonge
Exprime de mes maux la triste verité.

Bref, ie suis vn exemple
Des effets du mal-heur,
Et me puis dire vn temple
Où mon cœur nuict & iour s'immolle à la douleur.

Helas! ce piteux reste
S'estant en moy rendu
Si triste & si funeste,
I'aurois beaucoup gaigné si i'auois tout perdu.

Felicité passee
Qui ne peu reuenir,
Tourment de ma pensee
Que n'ay-ie en te perdant perdu le souuenir.

D

Ainsi disoit Philandre
Quand ses pleurs insensez,
Qu'il ne cessoit d'espandre
Ploroit ses maux presens & ses plaisirs passez.

De luy mesme.

HElas! que me sert-il d'aimer si l'on ne m'aime
Et d'aguiser le fer dont ie suis en. amé,
Ie ressemble au flambeau sur la table allumé
Qui pour seruir autruy se consume soy-mesme.
 O beaux yeux abuseurs à mon dam trop aimables
Que de vous bien seruir on est mal guerdonné,
Beaux yeux vous ressemblez au sucre empoisonné:
Car pour vostre douceur vous estes redoutables.
 Si m'auez vous promis œillade men eresse
Que mes trauaux seroyent recompensez vn iour:
Puis que vostre promesse engendra mon amour
Ie puis manquer d'amour, comme vous de promesse.
 Las! il y a long temps que ie tiens ce langage
Contre ces deux beaux yeux faisant le R. d. mont,
Cependant ie cognois la douceur qui me font,
Et de leur resister ie n'ay pas le courage.
 Ie feu dont la Chimere estoit iadis à craindre
S'esteignoit par la terre & s'allumoit par l'eau.
Le mien en est ainsi la terre du tombeau
Seule esteindre le peut si rien le peut esteindre.
 Ie pensois que mon feu comme l'autre ordinaire
Par l'eau se peust esteindre & chasser la chaleur.
Mais il vit de mes pleurs & vous gele le cœur,
Il vit de son contraire & produit son contraire,

DV SIEVR CALLIER.

AVpres des beaux yeux de Philis
Mouroit l'amoureux Caliante,
Heureux en sa fin violente
De ses iours si tost accomplis.
  Sur les aisles de desespoir
S'enuolloit son ame enflamee,
Et la mort cent fois reclamee
Couuroit ses yeux d'vn crespe noir.
  Son cœur enflé de ces desirs
Monstroit ses blesseures mortelles,
Et l'amour du vent de ses aisles
Aidoit au vent de ses souspirs.
  Mille petits autres amours
Opposoyent à la mort leurs flesches,
Et du doux feu de leurs flame sches
Rallumoyent le feu de ces iours.
  Phylis soustenoit en ses mains
Sa teste en son giron panchee,
Et feignant d'estre vn peu touchee
Desarmoit ses yeux de desdains.
  Ses yeux de desdains desarmez,
Sembloyent deux soleils sans nuage,
Qui du ciel de son beau visage
Lançoyent leurs rayons enflamez.
  Vne vaine ombre d'amitié
Rendoit sa face moins cruelle,
Mais il falloit estre moins belle
Ou plus sensible à la pitié.
  Alors Caliante à la fois

Perdit & la veuë & la vie,
De deux morts son ame rauie
Poussa ceste derniere voix.

Belle Phylis puis que ma foy
N'a peu vaincre ma destinee,
Ie rends mon ame infortunee
A la mort plus douce que toy.

STANCES DV SIEVR DV PERRON.

Puis qu'il faut desormais que i'estaigne ma flame
Seul & cruel remede, auec l'eau de mes pleurs,
Et que pour m'arracher les espines de l'ame
Ie m'oste aussi du cœur les roses & les fleurs.

Sortez de mon esprit pensers pleins de delices,
Cher & doux entretien dont l'estat est changé,
Qu'vn iniuste mespris conuertit en supplices
Ie vous ouure la porte & vous donne congé.

Auec vos mots flateurs & vos feintes Idoles
De constance & de foy, Deitez sans pouuoir,
Dont le son deguisoit si souuent ses paroles
Quel amant n'eust esté facile a deceuoir?

Me iurer que son cœur, dont les flames sont mortes,
Allumé d'vn beau feu souspiroit nuict & iour,
Et de branches de myrthe estraint en mille sortes,
Brusloit auec le mien dessus l'autel d'amour.

M'appeller son triomphe & sa gloire mortelle,
Et tant d'autres doux noms choisis pour m'obliger,
Indignes de sortir d'vn courage fidelle
Où si soudain apres l'oubli s'est veu loger.

Puis lors que i'en deuois tirer l'experience

Supposer vn voyage & m'aller recelant
Ce bel astre amoureux, dont la double influence
Me conduit au sepulchre & m'en va rappelant.

A moy qui ne viuois que pour luy rendre hōmage,
Et n'aimois mon esprit enclin a l'adorer
Que pour le seul respect des traits de son image,
Qu'amour de sa main propre y sçeut si bien tirer.

Adieu bel œil brillant, armé de flame claire,
Superbe Roy des cœurs de rayons couronné,
Dont le lustre m'offense à force de me plaire,
Et par trop de bon heur me rend infortuné.

Tu ne me verras plus baigner le mien de larmes
Pour auoir esprouué le feu de tes regards,
Le temps contre tes traits me donnera des armes,
Et l'absence & l'oubli reboucheront tes dards.

Adieu constans liens des volontez esclaues,
Cheueux blonds, filets d'or par ondes agitez
Qui captiuez l'orgueil des courages plus braues
Et dans les nœuds d'amour leurs desseins arrestez.

Adieu bouche d'œillets & de roses vermeilles
Qui respirez sans cesse vn Printemps gracieux.
Où mille & mille amours volettent comme abeilles
Cueillant de tes beautez le miel delicieux.

Adieu main qui les lys & les perles imites
Belle & cruelle main qui me tens mille appas,
Et de lettres de sang auec le fer escrites
Traces dedans mon cœur l'arrest de mon trespas.

Adieu fertile esprit source de mes complaintes,
Adieu charmes coulans dont i'estois enchanté,
Contre le doux venin de ces caresses feintes
Le souuerain remede est l'incredulité. (porte

Mais que dis-ie, ô mon tout, quel trouble me trans-
De tes beaux yeux vainqueurs vouloir fuir la loy,
Et briser tant de nœuds dont l'estrainte est si forte?

D iij

Comme si mon vouloir estoit encore à moy.
　Non, non, c'est vn erreur l'amour qui me possede
Ne se peut voir dompté par temps ny par raison,
Le trespas seulement à qui tout desir cede
Porte dedans ses mains les clefs de ma prison.
　Adieu doncques vous mesme, adieu trop pleins
　　　d'audace
Adieu desseins legers & propos insensez,
Dignes d'estre punis d'vne iuste disgrace
Si l'excez de l'amour ne vous avoit poussez.

INCERTAIN.

SI l'amour est vn Dieu, d'vn Dieu il ne sort rien
Qui ne soit tout parfait & n'apporte du bien:
Tousiours semblable à soy, constant, & immuable,
Ne disons point qu'amour les vns fait consommer
Les autres fait iouyr ce seroit blasphemer,
Car l'effect est pareil d'vne cause semblable.
　Celuy qui bien aimant en son affection
A ou plus de plaisir ou plus de passion,
L'effect n'est point d'amour il prouient de luy-mesme
Que l'on ait dans le cœur plus ou moins de souci,
Qu'on adore vne fille, ou vne femme aussi,
Ce n'est rien qu'vn desir d'vn subiect que l'on ayme.
　Le feu est tousiours feu, le iour est tousiours iour,
Le Ciel tousiours est ciel, l'amour tousiours amour,
Que si en quelque endroit plus luisante est la flame
Admire qui voudra la fille & ses attraits:
Car dedans ces beaux yeux elle n'a point de traits,
Rien n'est de si parfait que l'amour d'vne femme.
　Le feu ne dure point sans vn nourrissement,
Le bois demi brustlé le rend plus vehement,
Et celuy qui est verd l'empesche de se prendre,

La femme brusle toute en vn feu descouuert,
Et la fille ressemble à vn bois sec & vert
Qui fait biē peu de feu, mais rēd beaucoup de cendre.
　Tous les commencemens ont bien quelque beauté,
Le fruit nouueau nous plaist bien qu'il soit sans bonté
Sans suc, encore verd, n'a ny saueur ny force
La fille en son amour en est du tout ainsi:
C'est vn fruit nouueau né, aigre & plain de souci,
Bref du parfait amour ce n'est rien qu'vne escorce.
　Alors que le Soleil qui fait que nous voyons
Commence a descouurir l'œil de ses beaux rayons
Humbles nous adorons sa nourrissiere flame,
Seulement pour l'espoir d'vn feu plus radieux,
La fille tout ainsi s'elle plaist à nos yeux
C'est pour le seul respect qu'elle doit estre femme.
　La terre estant pucelle aux siecles les plus longs,
N'enfanta iamais rien qu'espines & chardons
Qui couuroyent de buissons la terre mesprisee:
Mais si tost que le Ciel eust couché dans son sein
Fertile elle engendra vn admirable essein
De moissons, & de fleurs, dont elle fut prisee.
　Aussi lors que la fille a sa virginité
Elle est sans fruit, sās goust, sās lustre, & sās beauté
Des yeux & de l'esprit cruelle nourriture:
Mais si tost que plus sage elle a franchi le pas
Donnant & receuant de Venus les appas
L'homme la fauorise, & le Ciel en a cure.
　Ie sçay qu'on pense faire vn trait de grād guerrier,
D'armer vne beauté qui se fait bien prier,
D'autant que l'entreprise en est bien difficile,
Et bien i'en suis cōtent, mais qu'on en vienne à bout:
Mais aimer vne fille & s'y perdre du tout
C'est chercher de l'honneur d'vne chose inutile.
　Sçauez vous le profit qui vient de cest amour ?

D iiij

Vn ennuy, vn trauail, qui vous suit nuict & iour,
Vn feu qui sans cesser en larmes vous distille,
Vne sotte responce, vn discours sans propos,
Vne amitié legere & qui n'a nul repos,
Voila ce que l'on gaigne en aymant vne fille.

Se consumer soy-mesme & ne sçauoir pourquoy
Aymer vne beauté sans parole, sans foy,
Braue & haute à la main, sotte & presumptueuse,
Comme esclaue endurer cent mille indignitez,
Se dire trop heureux entre les cruautez.
Sont-ce là des effets d'vne ame genereuse?

Si quelque mien haineux m'auoit fort outragé
Ie ne souhaiterois pour en estre vengé
Que de voir vne fille estre sa seule Dame:
Ie pourrois bien iurer en son affliction
Que la faim de Tantale, & la rouë d'Ixion,
Ne seroit rien au prix des peines de son ame.

Ie voudrois demander lequel est plus parfait
Ou vn desir d'amour qui languist sans effait,
Ou l'effet d'vn desir que nostre ame souhaite:
L'on me dira l'effet, la fille est le desir,
Mais la femme est l'effet & l'honneste plaisir,
La femme en son amour est donc la plus parfaite.

La fille ie le sçay souuent desire bien,
Mais le desir bruslant ne luy apporte rien
Qu'vn tourment incognu qui luy bourrelle l'ame:
Que s'il vient vne fois qu'elle arriue à ce poinct
D'accomplir le desir qui la flatte, & la poingt,
Ce n'est plus vne fille il faut qu'elle soit femme.

I'ay mille & mille fois philosophé en l'air
Pour definir la fille à proprement parler,
Mais iamais mon esprit ne la sçeut bien comprendre:
C'est vn nom inuenté pour vn poinct seulement,
Vn poinct, vn petit rien, vn atome, & vn vent

Que l'aage fait perir à faute de le prendre.
　Auſsi dedans le Ciel le nom eſt odieux,
Et du tout incogneu aux Deeſſes & Dieux,
Et Iupin pere ſaint d'amour & de ſa flame
Conduiſant vne Nimphe à l'immortalité
Luy oſta tout premier ceſte virginité,
Comme indigne du Ciel ſi elle n'eſtoit femme.
　Et Cybelle & Thetis, Ceres, Venus, Iunon,
Bref toutes dans le Ciel meſpriſerent ce nom
Vne ſeule Palas Vierge toute nouuelle
Du cerueau de Iupin print ſa natiuité.
Nous faiſant voir par là que la virginité
N'eſt qu'vne opinion conceuë en la ceruelle.
　Toute choſe à ſon terme & la diuinité
Au deſir de l'amour vn but a limité,
Seule perfection de ces maux ordinaires:
Le but eſt le plaiſir & n'y a que ce poinct
Qui puiſſe terminer le deſir qui nous poingt,
Eſtre fille & iouyr ce ſont choſes contraires.
　Vous donc qui que ſoyez qui la nuict & le iour
Poingts du feu genereux, ſur les flammes d'amour
Mettez à l'abandon vos ames alterees,
Si quelque fille taſche à vous tirer à port
N'eſcoutez point ſon chant, fuyez ce traiſtre bord,
Les filles en amour ſont roches Capharees.

PARAPHRASE DV CXLIII.
PSEAV. DE DAVID.

Beni ſoit le Seigneur le grand Dieu des armees,
Dont la ſeule vertu rend les mains animees,
Aux glorieux trauaux des actes valeureux,
Qui m'apprend a combatre en gaignāt des victoires,
Et fait que toute langue, entendant nos hiſtoires,

D v

Me nomme l'heureux Roy du siecle malheureux:
　C'est luy qui me preserue au milieu des batailles,
Et rempare mon cœur d'inuincibles murailles
Contre tous les ennuis qui l'osent assieger:
Qui seul n'ayant iamais mon attente trompee,
A fait mes ennemis tomber sous mon espee,
Et sous mon sceptre en fin mes subiets se ranger.
　Seigneur, qu'est-ce que l'hôme & la race mortelle
Pour ne desdaigner point d'en prendre la tutelle,
Et loger en ton cœur le souci de son bien?
Tu luy sousmets le ciel, l'air, & la terre, & l'onde,
Et semble que ta main ouuriere de ce monde,
Qui de rien crea tout, crea tout pour vn rien,
　Car en fin, ô Seigneur, l'hôme n'est rié qu'vn songe
Qui de songes menteurs se repaist & se ronge,
En son plus ferme estat n'ayant rien de constante.
Vn ombre que le iour dissipe à sa venuë,
Vn esclair allumé dans le sein de la nuë,　　　(Stanc.
Dont l'estre & le non estre ont presque vn mesme in-
　Seigneur, baisse ton œil, & tout ceint de tonnerres
Descens en ta fureur sur ces maudites terres,
Où mille impietez prouoquent ton courroux,
Frappe les plus hauts monts des armes de ton ire,
Fais les fumer & fondre ainsi que de la cire,
Et l'vniuers trembler sous l'horreur de tes coups.
　Rempli tout l'air d'esclairs, de foudres & d'orages,
Dotes dards enflammez estonne les courages
Des meschans, dont l'effort t'offense en m'outrageant,
Fais gronder en ta main l'ire de cent tempestes,
Puis d'vn bruit esclatant darde-la sur leur testes.
Afin qu'vn mesme coup te venge en me vengeant.
　Car c'est contre l'honneur de ta puissance mesme
Que leur bouche arrogante a vomi le blaspheme,
Aiguisant contre moy tant de traits inhumains:

POESIES. 83

Leur langue inceſſamment ourdiſt des calomnies,
Leur eſprit orgueilleux ſe plaiſt aux tyrannies,
Et tout mal faire eſt l'arc où s'exercent leurs mains.
 O Seigneur, continue a deliurer mon ame
D'vne gent ſi ſuperbe, & romps l'iniuſte trame
Des barbares deſſeins que ſa rage a conçeus,
Eſten du Ciel le bras armé pour ma vengeance,
Et pouſſe en ta fureur ceſte maudite engeance,
Dans les ſanglans filets qu'elle meſme a tiſſus.
 Afin que ſus vn lut, monté pour tes loüanges,
Aſſociant ma voix auec celle des Anges,
Ie chante que c'eſt toy qui fais regner les Rois,
Toy qui les garantis des meurtrieres atteintes,
Toy qui rends leurs grandeurs venerables & ſaintes,
Et qui fais que la terre en adore les loix.
 I'en ſers aux ans futurs d'vne preuue eternelle,
Moy, ſur qui la bonté de ta main paternelle,
Seigneur, a fait du Ciel mille graces plouuoir,
Contre tant d'ennemis me donnant la victoire,
Que la paix de mon ſceptre appartient à ta gloire,
Comme vn nouueau miracle où reluit ton pouuoir.
 Perſeuere Seigneur, ne baille point ma vie
En pillage au Tyran qui l'a tant pourſuyuie,
Mais, comme il nous a fait le faiſant souſpirer,
Au ſang de ſes ſubiets trempe ſon diadeſme,
Afin que iuſtement il eſprouue en ſoy-meſme
Les maux qu'iniuſtement il m'a fait endurer.
 Car ſa main ne ſe plaiſt qu'aux meſchans artifices
La ſeule impieté luy fournit de delices,
Et ſon cœur, dont la rage eſt ſouuent ſans effait,
Paiſt de ſi fiers deſſeins le deſir qui l'affame,
Qu'aux iours où le cruel n'a point ſouillé ſon ame
De quelque meſchant acte, il croit n'auoir rien fait.
 Rens luy ce qu'il merite, & nous ſois fauorable

Donnant quelque remede à l'vlcere incurable,
Qui rongeant ce Royaume a destruit sa beauté,
Encor que nous viuions si dignes de misere,
Que nous faire du bien, ce soit presque mal faire
Et prophaner en vain les fruits de ta bonté.

Voy quel malheur poursuit ses terres desastrees.
Et quel heur cependant rit dedans les contrees,
Qu'vne constante paix habite autour de nous
Comme pour vn loyer d'auoir esté si sages,
Que de ne laisser point dans les saints pasturages
Gouuerner les troupeaux par le conseil des loups.

La ieunesse y fleurist tout ainsi qu'vne plante
Qu'au fœcond bord d'vne eau doucement ruisselante,
Quelque main transplanta d'vn sterile terroüer:
D'or & de Diamans les Dames y flamboyent,
Et pour s'en embellir les plus chastes s'y voyent
Consulter auec soin l'oracle du miroüer.

L'Abondance y demeure & ses douces compagnes,
Mille bellans troupeaux y couurent les campagnes,
De ioye & de repos leurs ames tu repais,
La trompette s'y taist & la voix des alarmes.
Et tant d'aise bannist les souspirs & les larmes,
Que leur moindre bon-heur c'est celuy de la paix.

Aussi toute la terre enuiant leur fortune,
La nomme bien heureuse, & de vœux importune
Pour de pareils effets ta celeste faueur.   (stes
Mais quelque heur que le Ciel verse dessus leur te-
Plus heureux est encor, mesme au fort des tempestes,
Celuy de qui ton bras daigne estre le Sauueur.

Toy donc iettant sur nous les yeux de ta clemence,
Garde nous de naufrage & sois nostre deffence
Contre des ennemis si puissans & si fiers,
Rendant par ta bonté ces tempestes plus calmes,

POESIES

Ou nous faisant du Ciel recevoir quelques palmes,
Si nous n'en devons plus esperer d'oliviers.

Vers de Monsieur de S. Luc. sur les cheueux de sa femme morte.

Doux cheueux mes liens, l'ornement & parure
Du beau chef honoré obiet de mes desirs,
Tesmoin de mon ennuy, non plus de mes plaisirs,
Comment seuls estes vous priuez de sepulture?
Hors de luy pensez-vous vous conseruer la vie?
Vous estes vous disioints pour craindre le trespas?
Seuls auez vous vescu pour seuls ne mourir pas?
Et sans luy pensez-vous en conseruer l'enuie?
Beaux cheueux de vos nœuds encor la forme dure
Lustrez & collerez vous estes à mes yeux:
Mais ainsi separez vous ne viuez pas mieux
Que des branches sans tronc qui meurent en verdure.
Hé quoy! dōcques priuez du beau chef de Madame
Encore vous luisez, encor estes vous beaux!
Et ses beaux yeux aimez gisent dans les tombeaux,
Amortis, mais bruslans & viuans en mon ame.
Hé! que vous m'estes chers parmi ma triste vie,
Bien que trop faux amis: car lors de son depart
Vous qui d'elle restez rare & certaine part
Ingrats dites pourquoy vous ne l'auez suyuie?

RESPONCE

Vn ciseau impiteux d'acier trenchant & roide
Nous couppa, & pour mieux nous faire con- (sentir
Cruellement lon dit, qu'il falloit departir
Et oster les cheueux, pour asseoir vn remede.

Bien que violentez, encores les racines
De nos fidelitez, luy restent les tesmoins,
Le meilleur est en nous de ce qu'on voit le moins
Triste obiet de tes yeux, marque de tes ruines.

Ainsi, cheueux amis, la mort a peu dissoudre
Le mortel non l'amour, qui a peu t'attacher
Et elle ainsi viuant, qu'au sein d'vn froid rocher
S'arbrisseau dont le pied ne craint la mesme foudre.

Chers compagnons d'amour & d'angoisses souf-
Orphelins dela ssez ne me laissez iamais,   (fertes
Entez vous en ma chair, viuez y desormais
Les mutuels tesmoins de nostre esgalle perte.

INCERTAIN.

VN amant qui s'embrase aux beaux yeux d'vne
    Dame
Qui de pareille ardeur se consume & s'enflame
Que doux est son martire en vn si doux flambeau!
Mais s'il aspire aussi de vouloir faire voille
Priué de la clarté des yeux de son estoille
Les ondes de l'amour luy seruent de tombeau.

L'on ne sçauroit aimer sans pleurs & sans alarmes
Mais vn trait de pitié vaut mieux que mille harmes.
Que mille feux ardans où l'amour est reduit:
Vn seul plaisir vaut mieux que cent milles ruines,
Vne rose en amour vaut mieux que mille espines,
Mais l'amour sans plaisir est vn arbre sans fruit.

Quand l'amour a le trait d'vne beauté choisie
Il tire droit aux yeux, puis à la fantasie,
Et puis au sens commun, dont il veut s'emparer:
Poursuiuant la victoire, il dresse vne surprise
En l'ame, où le brasier de nos desirs s'attise,
Aimer donc proprement ce n'est que desirer.

Le desir court tousiours à la chose possible
Afin qu'elle pouuant il s'en rende paisible,
De la puissance apres l'esperance nous point,
Ceste esperance en fin quelque effet se propose,
Si bien que ie concluds que ce n'est qu'vne chose
L'amour, desir, puissance, esperance & le poinct.

 L'amour sans la fureur ce n'est rien que cõplaintes
Que courroux, que fureur, que masques & que fain-
Que doutes, que soupçons, qu'vne confusion, (tes
Vn air plain de tempeste, vne ialouse guerre,
Et si l'on veut chasser l'orage & le tonnerre
Qu'on iouysse sans plus c'est la perfection.

 C'est à tort que l'on dit que nous sommes muables
S'il est vray, croyez moy vous en estes coupables
La faute en est à vous & vous vous trompez bien
Vn cheualier errant cherche son aduenture,
Le plaisir est le poinct qui fait que l'amour dure,
Ce n'est donc pas raison que l'on serue pour rien.

 Le peintre qui osa le premier entreprendre
De peindre amour vn Dieu, nous voulut faire enten-
L'effet & le pouuoir de sa diuinité: (dre
Les Dieux sont immortels d'eternelle duree,
Il faut qu'à tout iamais l'amour soit asseuree,
Mais iouyr c'est le poinct de l'immortalité.

 Ne vous plaisez donc plus à ma perte amoureuse,
De me voir tourmenté, de m'estre rigoureuse,
Vous rompez mes desseins qui me dient adieu,
Et que pensez vous faire en vous monstrant cruelle?
Vous luy voulez oster sa nature immortelle.
Las quelle cruauté faire mourir vn Dieu!

 L'amour sans le plaisir se nourrit d'esperance,
L'esperance de peur, la peur d'impatience,
L'impatience apres amene vn changement,
Le changement soudain se fait d'incertitude,

Et puis de l'incertain se fait l'ingratitude,
Le plaisir luy doit donc seruir de fondement.

Peste d'ingratitude, il me plaist qu'on t'appelle
La poison de l'amour, le glaçon qui le gelle,
Semence de desdain, nourrice de douleur,
Mere de cruauté, fille d'outrecuidance,
Royne de la discorde & source d'oubliance,
Ruine des amans, Enfer de leur malheur.

Ie blasme infiniment vn erreur ordinaire
De croire, si lon veut d'vn d'amour se deffaire
Qu'il ne faut que donner seulement le plaisir:
Si l'amour est desir, le desir qui demeure
Tousiours enraciné le garde qu'il ne meure,
Et l'amour vit tousiours tant que vit le plaisir.

Ie croy qu'il n'y a rien au monde qui nourrisse,
Qui retienne si fort l'Amant en son seruice
Que le bien esperé du plaisir quant il vient:
Toute beauté ne sert à vn feu que d'amorce,
La iouyssance apres la nourrit & l'enforce,
Et l'ostant vous ostez le bois qui l'entretient.

Ainsi que les saisons tousiours se renouuellent
Mes desirs tout ainsi l'vn l'autre se r'appellent,
Et reuiennent tousiours en leur premier effort:
Vos yeux si plains d'ardeur où mes desirs s'allument
Font que mes chauds desirs iamais ne se consument,
Si bien qu'ils ne mourront iamais que par ma mort.

Mes desirs allumez sont les feux de mon ame.
Mon ame est immortelle, immortelle est sa flame,
Dont ie sens en mon cœur ces desirs me nourrir:
Ostez donc ce soupçon, ceste fascheuse crainte
De voir vn iour ma flame & mon ardeur estainte,
L'espoir & le plaisir le gardent de mourir.

Les mariniers batus des flots & de l'orage
Au plus fort du trauail, l'espoir qui les soulage

POESIES.

De reuoir leurs maisons les fait viure constans:
Le laboureur trauaille & respand sur la plaine
En la belle saison l'vsure de sa peine,
Et les seuls amoureux seront-ils sans printemps?

Ne vous donez iamais tant d'hōneur & de gloire
D'aimer rien en ce monde, il ne faut rien en croire,
Ou bien si vous aimez, l'amour est imparfait:
Las! comment voulez vous que i'aye cognoissance
Que vous me voulez bien, que par la iouyssance?
Il faut bien que l'amour se descouure à l'effet.

Ie sçay que vous mettez en auant quelque excuse
Amour contre l'honneur, mais ce n'est qu'vne ruse,
Car l'amour & l'honneur ne sont point differens:
Les sages iugent bien que ce n'est qu'artifice,
Vn masque d'equité, de vertu sous le vice,
Et vn laset trompeur qu'on tend aux ignorans.

Ce mot d'honneur me plaist & m'est fort agrea-
Si l'effet de ce mot n'en estoit miserable,   (ble
Cause de mille ennuis qui nous vont deceuant:
C'est vn mot seulement qui se trouue en la bouche,
Mais le plaisir se voit, & se sent, & se touche,
Le plaisir est vn corps & l'honneur n'est que vent.

Ie faux ce n'est pas vent, c'est quelque chose encore
Qui est moins que du vent, & ce moins vous deuore,
Perd vostre âge & vous trōpe ennemy de tout bien:
C'est doncques que l'honneur vn rien qu'on imagine,
Vn rien qui a de rien sa premiere origine,   (rien.
Brief, pour dire en vn mot, l'honneur est moins que

Et ce rien moins que rien vne chose incogneuë,
Vn songe, vne chimere, vn fantosme, vne nuë,
Vn ombre dedans l'air, sert d'espouuentement:
Comme vn petit enfant, qui dedans la nuict sombre
S'espouuente aussi tost qu'il regarde son ombre,
Mais la faute nous vient faute de iugement.

Ie me sens trauaillé quelquesfois de cognoistre
Que c'est, quel corps il a pour se faire paroistre,
D'où vient que ce pipeur trompe nostre bon heur:
A la fin i'ay cogneu que l'honneur qu'on appelle
Est la discretion d'vn seruiteur fidelle,
Se taire apres l'effect voila le poinct d'honneur.

 La femme à mon aduis est simple & ignorante
De perdre & delaisser vn bien qui la contente
Sous vn espoir menteur de l'honneur simulé:
Qu'elle choisisse amy discret, fidelle, & sage,
Et iamais ne perdra son premier aduantage,
Peché n'est plus peché quand il est bien celé.

 Comme on voit qu'vn soldat timide de nature
Pour gaigner vn renom se iette à l'aduenture
Achete par sa mort le peril des combats,
Vous bannissez aussi le plaisir & la vie
Pour vn pauure renom, où l'honneur nous conuie,
L'honneur se vend trop cher s'il couste le trespas.

 Que ie ne sois discret, que ie n'aye conduite
En l'ardeur qui me pousse à si belle poursuite
Ie n'ose pas me plaindre à ma captiuité,
Ie sçay priser vn bien, ie sçay ce qui regarde
Le point de vostre honeur, côme il faut qu'il se garde:
Qui sçait garder vn bien il l'a bien merité.

 Et si ie puis encor me donner la louange
Que ie ne hay rien tant en amour que le change,
Autant ferme en amour comme ie suis discret:
Ie ne suis point de ceux quand on les sauorise
Qui s'en vont publier incontinent la prise,
La couronne d'amour ce n'est que le secret.

 Ie sçay bien comme il faut d'vne façon discrette
Feindre & dissimuler vne amitié secrette,
Ie sçay faire le libre & auoir mille fers:
Et lors que vous m'aurez conduit sur le riuage

C'est lors que ie plaindray ma perte & mō naufrage,
Et de mon Paradis i'en feray mille Enfers.

Me permettrez vous donc, Madame, que i'herite
D'vn loyer qu'en amour iustement ie merite?
C'est la seule esperance où l'amour me conduit:
Ceste beauté, si grande ardeur de ma pensee,
Auec vn repentir sera bien tost passee,
Il n'y a si beau iour qui n'arriue à sa nuict.

Stances d'vn Gentil-homme de Dauphiné, qui donna le bon iour à sa Maistresse, au leuer du Soleil.

Ame de l'vniuers, claire lampe du iour,
Sur ton char flamboyāt tu as parfait ton tour,
Et d'vn lointain pays paracheuant ta course
Tu redores la terre en tes cheueux espars,
Tu parois d'vn fin or luisant de toutes pars,
Benis soyent tes cheueux, ton esclair & ta source.

Les eternelles nuicts les ombres eternelles
Sans toy seroyent tousiours, tes viues estincelles
Bluetent vn saint feu ce feu fait la clarté:
On voit en vn moment esclairer tout le monde,
On voit chasser la nuict de la terre & de l'onde.
Tes faits sont les effets de la diuinité.

Sois aide à mon desir, honore ma pensee
Faits doncques que la voix de mon ame portee
Soudain comme tu es, aille au lieu du bon iour:
Mais il faut que ce soit ta plus belle estincelle
Qui aille baisoter sa bouche & sa prunelle,
Ses graces y ont pris de tout temps leur seiour.

Vn cōbat plain d'ardeur, tout rempli de courage,
Où deux sont animez de despit & de rage

Est tousiours incertain: car tantost le vainqueur
Est à demi vaincu, loin du pris de sa gloire,
Mais l'heur, qui est tout seul le gain d'vne victoire,
Baisse le souuenir d'vne belle valeur.

Vos rayōs plains de feu, & ses yeux pleins de flame
Parferont le combat, dans le sein de Madame,
Toutesfois des combats le succez est douteux:
Vostre feu pourroit bien se tourner en fumee
Si Madame est tant peu de collere animee,
C'est vn feu consumant que celuy de ses yeux.

Qui de son ennemy à bien pris cognoissance
Il demeure auisé, se sert de sa prudence,
Il profite le temps, il croit d'auoir vaincu:
Cognoy donc, ie te pri', celle qui me maistrise,
Celle qui a sur moy tant de puissance prise,
Le danger n'est pas grand quand il est bien cogneu.

Quand tu verras d'Amour la beauté & la grace,
Et l'honneur qu'en son front pour tousiours a pris
   place,
Auec vn teint d'albastre & des yeux rauissans,
C'est celle que ie sers, c'est celle que i'honore,
Celle de qui l'amour tout le sein me deuore,
Celle qui peut sur moy des effets si puissans.

Celle qui m'a raui, m'a raui à moy-mesme,
Celle qui m'a rendu triste, songeard & blesme,
Plein d'ennuy, de douleur, & tousiours languissant,
Celle pour qui ie meurs, celle à qui ie desire
Vn siecle tout heureux, ce que ie ne puis dire
Sur tes rayons dorez porte-le vistement.

Pendant que le sommeil a fermé sa paupiere,
Qu'elle est sans mouuement, que d'vne grace entiere
Elle prend son repos, donne luy le bon iour:
Il faut tout doucement toucher sa cheuelure,
Et apres peu à peu, voire en moins d'vn quart d'heure

Son front, ses yeux, sa bouche où repose l'amour.
Il ne faut pas vser de tout vostre pouuoir,
Par vn de vos rayons vous la pourrez bien voir,
Du cabinet, du lict, tu sçais la demeurance:
L'vn vitre transparant, l'autre œuure de sa main
Belle, blāche, subtile: hé! d'vn gard plus qu'humain
Parlez à ce Soleil, pareil à vostre essence.

Celuy qui loin de vous habite d'autres Cieux,
Qui se meurt mille fois pour l'amour de vos yeux,
Qui meurt & ne meurt pas que d'vne mort cruelle,
Vous donne le bon iour, belle comme vn Soleil,
Belle donc comme moy, vostre grace & vostre œil,
Et vos brillans esclairs, vous font croire immortelle

Cheueux blonds & crespez, de qui la belle tresse
Tient son ame en langueur, & son cœur en destresse,
Vous semblez au poil d'or doucement delié,
Vous semblez aux cheueux de la grande lumiere,
Demeurez en repos, n'empeschez ma carriere
Ie suis d'vn triste Amant deuers vous enuoyé.

Front large & rondelet, où tous les Dieux ont mis
Le siege de l'honneur, où l'honneur s'est assis,
Sois doucement serain, permets donc que ta table
Prenne sa bonne part de ce bon iour donné,
Ie vois que de l'honneur tu es enuironné,
Que ton nom pour iamais est vn nom honorable.

Yeux gris & cristalins, à qui tout est cogneu,
Prenez quelque pieté de son mal incogneu,
Vous voyez bien qu'il souffre vn extreme martyre,
Qu'il est tout languissant, & bien que sa langueur
N'ait peu toucher vostre ame, encor moins vostre
    cœur,
Qui ne veut faire bien c'est prou qui le desire.

Bouche vermeille & ronde en qui l'amour a mis
La grace & la douceur, qu'elle tient à grand pris,

Qui luy auez raui & l'ame & le courage:
Vous sçauez que iamais pour autre il ne s'esmeut,
Qu'au vent de vos propos aussi tost il semeurt,
Changez vostre rigueur en vn plus doux langage.

Receuez ce bon iour, vous belle comme moy,
I'esclaire tout le monde, & vous iuran ma foy
Ie ne suis esclairé que de vostre prunelle:
Ie voy qu'il part de vous vne grande beauté,
Ie voy qu'en vous habite vne extreme beauté,
Que les dieux vous ont fait pour estre la plus belle.

Desia, non ouy ie voy sa paupiere descloje,
Ie voy tenir sa main, ou l'amour se repose,
Ie la voy sur ses yeux, à fin que son esclair
M'efface mes rayons, que ma sainte parole
Elle oye que de loin ie t'apporte en ce iole,
Pour l'amour de vous yeux, ie sens le vent & l'air.

C'est vn decret du ciel, que vous & vostre veuë
De la part d'vn Amant doucement ie salue,
Prenez donc ce bon iour il paye ce tribut
Autant de fois qu'il voit que la terre se dore,
Il est constant, fidelle, & humble il vous honore,
Il vous cherit autant qu'il cherit son salut.

Ie prens vostre congé, ie reprens ma brisee
Ie le verray du soir, & son ame affligee
Sentira les effets de ma grande douceur:
Si tusiours vn bien fait merite recompense,
Il doit vn sacrifice à ma diuine essence,
Il meurt bien mille fois seruant vostre rigueur.

CHOLLIER.

Sonnet dudit Chollier.

Adieu mes chers pensers, adieu donc ma Rosine,
   La rose, vn don du Ciel, garde son taint vermeil,
   Ma Sainte, vostre teint est tout au sien pareil,
Mais bien plus que sa fleur vostre face diuine.
I'honore le Soleil qui dessus nous domine,
   Mais ie meurs mille fois de regret & de dueil
   Perdant vos deux Soleils: dans le sombre cercueil
Par ce triste depart mon beau iour se termine.
Adieu mes chers pensers, adieu mon saint soucy,
   Adieu ma Sainte adieu, ie ne suis plus icy,
   Ie pars, ie meurs, ie vay: mais mon cœur immuable
Ne peut pas, comme moy, bouger d'vn si beau lieu,
   Vos yeux l'ont enfermé il est constant: Adieu,
   Ce depart est ma mort, ma mort est honorable.

FIN.

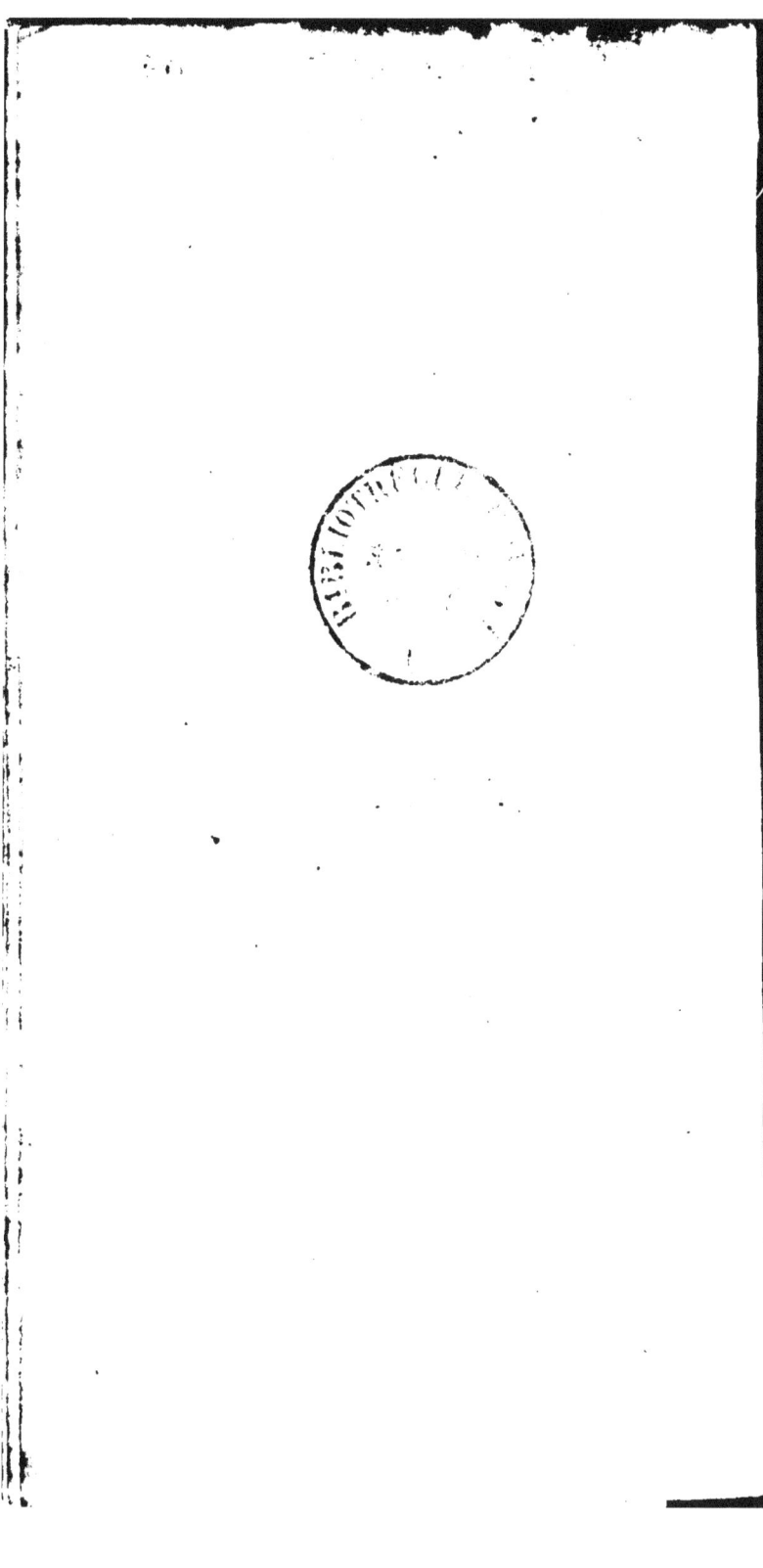

www.ingramcontent.com/pod-product-compliance
Lightning Source LLC
LaVergne TN
LVHW050630090426
835512LV00007B/776